實[illegible]派叢書

Dudjom Rinpoche 敦珠甯波車

甯瑪派叢書

The Nyingmapa Series

見部⑤ 談錫永主編

無修佛道

——現證自性大圓滿本來面目教授

摧魔洲尊者造論◆敦珠法王科判
談錫永導論◆許錫恩繙譯

目　錄

正文

《現證自性大圓滿本來面目教授·無修佛道》

（摧魔洲尊者造、許錫恩譯）

序

《甯瑪派叢書》總序

近年西藏密宗在世界各地廣泛流傳，甯瑪派（rNying ma pa）的「大圓滿」（rdzogs pa chen po）亦同時受到歐、美、日學者的重視。於是研究「大圓滿」及甯瑪派教法的外文書籍不斷出版，研究文章亦於各學術機構的學報發表。

然而遺憾的是，我們接觸到的書刊文獻，絕大部份都未能如實說明「大圓滿」（dbu ma chen po）的修持見地——「大中觀見」，即如來藏思想；於修持上亦未能說出次第修習與次第見地的配合，如抉擇見與決定見。因此便令到「大圓滿」這一法系，在大乘佛教中地位模糊。

事實上，「大圓滿」與漢土的禪宗同一淵源。即是說，他們本屬同一見地的印度大乘修持系統，即文殊師利不可思議法門。傳入漢土的成為禪宗，傳入西藏則成為甯瑪派的「大圓滿」。——因此「大圓滿」的修持，跟藏密其他教派的修持有所不同，可謂獨樹一幟。也因此，漢土禪宗於六祖慧能以前，以說如來藏（tathāgatagarbha）的《入楞伽經》（*Laṅkāvatārasūtra*）印心，而甯瑪派亦判《入楞伽經》為「大中觀」見的根本經典。

本叢書的編譯，即據甯瑪派近代法王敦珠甯波車（H.H. Dudjom Rinpoche，1904-1987）的傳授，分「見」、「修」兩部編成。在「見」的部份，着重闡釋「大中觀見」，即「如來藏思想」的真實義，使讀者能瞭解此印度佛學系統中的重要思想，以及其與禪宗修持、「大圓滿」修持的關係。

至於「修」的部份，則選譯甯瑪派歷代祖師的論著，及諸巖傳法要。如是配合大圓滿「四部加行法」(sbyor ba bzhi) —— 即外加行、內加行、密加行、密密加行。凡此皆為印度傳入西藏的次第止觀法門。

本叢書於香港出版後，反應良好，今應全佛文化出版社之請，特重行修訂再版以期甯瑪派法要能得正信，並期望文殊師利不可思議法門得藉此弘揚。

Preface

The *sNang sbyang* (Perfecting Perception), one of the most sacred instructional texts on rDzogs pa chen po, was revealed by the great gter ston, bDud 'jom gling pa (1835-1904).[1]

bDud 'joms gling pa recalled events of his previous life in his autobiography. As bDud 'dul dpal gyi rdo rje, he was enjoying the feast of Dharma prosperity in the Lotus-Light Palace (Padma 'od kyi pho brang), the Buddha field of Guru Rin po che. At the request of Ye shes mtso rgyal, Guru Rin po che commanded bDud 'dul rdo rje to depart for Eastern Tibet (mDo khams) to serve the faithful beings. Guru Rin po che encouraged him, saying that "Among your disciples, there will come three thousand people endowed with fortunate karmic connections with you. Over five hundred excellent people will attain Buddhahood in their very lifetimes. The Twenty-five Lord and Subjects (*rje 'bangs nyer lnga*) will come as your emissaries to assist you. Ten gter tons will also appear

---

1 This introduction is based on the following sources:

1) *gTer chen chos kyi rgyal po khrag 'thung bdud 'joms gling pa'i rnam par thar pa zhal gsung ma bzhugs so* — an autobiography of bDud 'joms gling pa.

2) *sPrul pa'i gter ston khrag 'thung bdud 'joms gling pa'i rnam thar gsol 'debs mos gus kyi shing rta* — a biographical prayer, by 'Jigs bral ye shes rdo rje.

3) *bDud dpung 'joms mdzad* — a short biographical homage, by 'Jigs med bstan pa'i nyi ma, the third rDo grub chen.

4) *Rang bzhin rdzogs pa chen po'i rang zhal mngon du byed pa'i gdams pa ma bsgom snangs rgyas bzhugs so* (popularly known as *sNang sbyang*), by Khrag 'thung bdud 'joms rdo je 'gro lod rtsal.

5) *rDzogs chen khregs chod snang sbyang gi bsdus don sa bcad bzhugs,* by 'Jigs bral ye shes rdo rje.

with you. Seven esoteric masters will be born as your children and grandchildren."

According to Guru Rin po che's instructions, bDud 'dul rdo rje went to lower gSer valley in Eastern Tibet, accompanied by hosts of ḍākas and ḍākinís. There, in the midst of rays and tents of rainbow lights, he was born as dDud 'joms gling pa in 1835. His father's name was Ah brten of the gNubs clan of the Ah lcags 'bru lineage, and his mother's name was Bo rdzogs of the dMu tsha sga lineage.

bDud 'joms gling pa, like the great mDo mKhyen brtse (1800-1866), was one of the very rare masters who displayed their supernatural, or rather, true natural power, from childhood. He was born with the gift of wisdom and mystical power. Though he lived among ordinary people, he had hardly been separated from the Buddha fields. Hosts of Buddhas, enlightened sages and dakinis were constantly protecting, cherishing, and nourishing him spiritually and physically.

He received only limited teachings and transmissions from human teachers including Bla ma 'Jigs med, Bla ma 'Jam dbyangs, Kaḥ thog lCags tsha sprul sku, and dPal sprul rin po che, but he received unceasing teachings from the Buddhas and enlightened sages in his constant pure visions.

In his life he kept facing obstructions from many negative forces, but he turned it all into support for Dharma propagation. He himself was not in good health in his final years, yet he healed many sick people through his esoteric power, sometimes with a mere gesture.

He was endowed with a strongly built body with a dark-reddish brown complexion, a semi-wrathful face and wide staring powerful eyes.[2] He was dressed in white tantric robes with ornaments and earrings. Half of his long rich hair was tied into a topknot with the rest hanging down loosely. When he was looking straight ahead, even his close disciples did not dare to walk in front of him because of the power of his glaring eyes. The amazing charismatic presence of his body captivated the imagination of so many that lay people in mGo log used to pray that "Oh, the body of bDud 'joms," instead of praying to the body, speech and mind, as prayers are usually said.

With with exception of two brief visits to rDza chu kha valley, he spent his whole life exclusively in three small valleys, the gSer valley, the rDo valley and the sMar valley of Golok in Eastern Tibet.[3]

At the age of 23, bDud 'joms gling pa moved from his native gSer valley to sMar valley and stayed there under the patronage of the rGi li family for years, and he became known popularly as "rGi li gter ston".

At the age of 46, he moved to Bla ma rong and other places in Upper gSer valley. Finally, at the age of 54, he moved to the Li

2 I saw the lifelike resembling statue of bDud 'joms gling pa, which was made in his presence and was being kept in his tent where his son sprul sku rDo rje dgra 'dul was living.

3 Today, the gSer valley and half of the rDo valley are part of Serta county of Kandze Tibetan Autonomous Prefecture of Sichuan Province. The sMar valley and half of the rDo valley are part of the Baima county of the Golok Tibetan Autonomous Prefecture of Qinghai Province.

gorge in Upper rDo valley and soon built the Dar tsang skal bzang dgon hermitage, making it his residence for the rest of his life.

At the age of 25, from the rocks of sBa gter of sMar valley, he discovered the prophetic guide *(kha byang)* which provided him with the instructions on how his treasures *(gter)* should be discovered. In the same year, in accordance with the prophetic guide, he discovered his major Earth Treasure *(sa gter)* teachings from rNga la stag rtse of gSer valley.

Guru Rin po che concealed the treasure *(gter)* teachings in the 9th century. Centuries later, dDud 'joms gling pa discovered many volumes of those concealed teachings and many sacred objects as both Mind Treasures *(dgongs gter)* and Earth Treasures *(sa gter)*.

bDud 'joms gling pa 's four major cycles of treasure teachings are: *The Wisdom Nets of Pure Visions (Dag snang ye shes drva ba), The Profound Teachings on Naturally Liberating Enlightened Visions (Zab chos dgongs pa rang grol), The Vast Space Treasure of the Ultimate Nature (Chos nyid nam mkha'i klong mdzod), and Ḍākinī's Heart Essence (mKha' 'dro snying thig).*

In his final years, bDud 'joms gling pa implored the people of the mGo lok region to leave for Padma bkod in Gongs po valley in Central Tibet to escape the unavoidable misfortunes that were about to hammer them. Padma bkod is believed to be one of the major Hidden Lands *(sbas yul)*, the valleys blessed by Guru Rin po che as hiding places for the faithful practitioners in the dark ages.

sKyabs rje sPrul sku rDo rje dgra 'dul once told us, "He (bDud 'joms gling pa) told us that he would lead all the followers into the inner hidden valleys of Pema bkod. But because of his ill health he could not ride a horse. Therefore, people made a wooden palanquin for him to be carried in for the months-long torturous journey. But for some strange reasons the palanquin turned out to be too small for him to sit in, as he was bigger than most people. At that time, bDud 'joms gling pa remarked, 'Oh, that's fine. It is only for a symbolic purpose.' When his son, the third rDo grub chen, was told the story, he observed. "That means he is not going to Padma bkod in his present body. If he were, he would need not a symbolic palanquin, but a real one."

bDud 'joms gling pa passed away in 1903/4, and took rebirth as sKyabs rje 'Jigs 'bral ye shes rdo rje (1904-1987), the Second bDud 'joms, in Padma bkod.

bDud 'joms gling pa had eight sons and all were famous Tulkus. They were 'Jigs med bstan pa'i nyi ma (1865-1926), the third rDo grub chen rin po che; mKhyen sprul dzam gling dbang rgyal (1868-1907), a sprul sku of mDo mKhyen brtse; sPrul sku Dri med 'od zer (1881-1924), a great scholar and gter ston (whose consort was the famous teacher bDe ba'i rDo rje, popularly known as Se ra mkha' 'gro); the sprul sku of Che bo'i rig 'dzin chen mo, who died in childhood; sPrul sku Lha chen stobs rgyal (Lha stobs, 1885-?); sPrul sku Padma rDo rje (who lived at rDo grub chen Monastery); dPal sprul nam mkha'i 'jigs med (1888-?), the sprul sku of dPal sprul rin po che; and sPrul sku rDo rje dgra 'dul

(1891?-1959), who later became the successor of bDud 'joms gling pa at the Dar tshang skal bzang dgon.

Among his many famous grand children were: sPrul sku Kun bzang nyi ma (d.1958), a son of the mKhyen sprul and the speech incarnation of bDud 'joms gling pa; bSod nams lde'u btsan, a son of sPrul sku Dri med; sPrul sku bstan po and Sras mo A 'ge, the son and daughter of sPrul sku rDo rje dgra 'dul; sPrul sku Nyi zla, a son of sPrul sku Lha stobs; and Sras mo dBang mo, the daughter of Nam mkha'i 'jigs med.

Some of the important family lineage-holders of bDud 'joms gling pa, who are still living in Eastern Tibet, are: sPrul sku rTa mgrin dbang rgyal, a son of sPrul sku bSod nams lde'u btsan, and sPrul sku dGon pa skyabs, a son of Sras mo A 'ge, both are living at Dar shang skal bzang dgon; sPrul sku Mi 'gyur, a son of sPrul sku Lha stob's daughter, who is living at Mt. lCags ri in sMar valley; and sPrul sku thegs lo (sPrul sku thegs chog rgyal mtshan), a son of sPrul sku Kun bzang nyi ma, who is living at rDo grub chen monastery and in gSer valley.

※ ※ ※

The *sNang sbyang* (Purifying the Perception), reveals the profound view and meditation of the cutting through *(khregs chod)* category of rDzogs chen teachings. Its full title is *Rang bzhin rdogs pa chen po'i rang zhal mngon du byed pa'i gdams pa ma bsgom sangs rgyas bzhugs so* (Buddhahood Without Meditation: Instructions on Bringing About Realization of the Very Face of Great Perfection).[4]

In Great Perfection *(rDzogs chen)* there are two major categories of teachings, the cutting through *(khregs chod)* and direct approach *(thod rgal)*. In the cutting through, one realizes intrinsic awareness, the true nature of the mind, as it is, by cutting all the dualistic concepts and emotional afflictions at the root, which is the grasping at "self." In direct approach, through the visions of four lights *(sgron ma)*, one directly unites the inner and outer wisdom and wisdom lights. As a result, the four visions *(snang ba)* will be perfected and the ultimate nature, Buddhahood, will be realized.

The *sNang sbyang* is a collection of profound teachings of rDzogs chen that bDud 'joms gling pa received from thirteen different Buddhas and earlier masters in pure visions. They answered the important questions of bDud 'joms gling pa on the view, meditation, the conduct and result of rDzogs chen.

View: The *sNang sbyang* explains the (a) non-existence *(med pa)* of a self in personhood and in phenomena; (b) oneness (gcig

---

4 According to a recently discovered Notation *(zin bris)* by gYu khog bya bral ba (in *gYu khog bya bral ba Chos dbyings rang grol gyi gSung 'bum,* Vol. Ah, p. 163), a disciple of bDud 'joms gling pa himself provides the following definition of the *sNang syang*: "It is necessary to purify (or perfect) all that is created by delusion, which includes the delusions of the outer container (the world) and its inner contents (beings), into the union of appearances and emptiness. As this (is the path that) purifies (or perfects the perceptions), it is called the Purifier (or Perfector) of Perceptions *(sNang sbyang)*."

pu) of all in the ultimate sphere of the basis, as the spontaneously present primordial wisdom; (c) openness *(phyal ba)* of both *saṃsāra* and *nirvāṇa* in freedom from extremes; and (d) the spontaneous presence *(lhun grub)* of the primordial qualities, which are naturally clear with no efforts.

Meditation: The *sNang sbyang* guides one to maintain the awakened state of the great primordial basis without any fixations. Shrisinha instructs bDud 'joms gling pa, "Let go of all the good and bad activities of the body, speech and mind, and remain in the state which is clear like the autumn sky."

Conduct: The *sNang sbuang* teaches one to maintain the union of emptiness and compassion, which are inseparable like water and moisture, in every step of daily life.

Result: Realization of the Dharmakāya of the basis, which is clarity from the depth, having three Buddha-bodies: Equal purity of *saṃsāra* and *nirvāṇa* in the essence is the Dharmakāya; completion of the wisdom qualities in the nature is the Sambhogakāya; to be free from obscurations and naturally radiant in compassion, the power, is the Nirmāṇakāya.

It is important to note that it will only be proper for this sacred text to be read or practiced by those who have completed the common and uncommon preliminary trainings *(sngon 'gro)* and have received proper instructions from a teacher who is qualified to transmit them. When sKyabs rje sPrul sku Kun bzang nyi ma taught the *sNang sbyang* to a few of us, some had to wait because they had not completed their preliminary trainings yet.

It is a source of great joy that Master rDo rje 'jigs bral, a direct disciple of sKyabs rje 'Jigs bral ye shes rdo rje, has translated this sacred text into Chinese for the benefit of many. I pray to the omniscient Lineage Masters and the compassionate Dharma Protectors for their blessings to awake the wisdom of *sNang sbyang* in the minds of all who read and practice it.

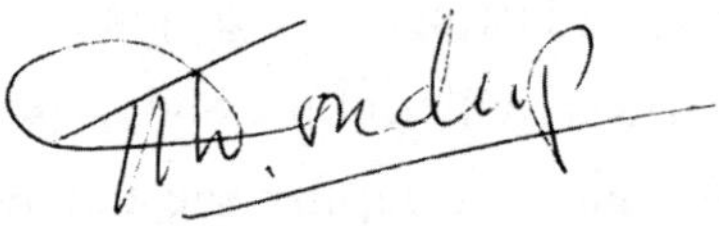

Tulku Thondup, Rinpoche
The Buddhayana Foundation

序一

《淨治明相》(*sNang sbyang*),由大伏藏師摧魔洲尊者(bDud 'joms gling pa 1835-1904)[1] 所發掘,乃大圓滿教授中,最稀有典籍之一。

摧魔洲尊者曾於自傳中,敍述前生之事跡:(前生)為伏魔吉祥金剛(bDud 'dul dpal gyi rdo rje)時,曾於蓮師刹土、即蓮花光明宮殿中得享法味之宴。其時,蓮師應智慧海(Ye shey mtsho rgyal)之請,命伏魔金剛趨赴多康(mDo Khams,即藏東)利益有情,且勉之曰:「汝徒眾中,與汝具夙生善緣者共三千;逾五百利根者能於此生得證菩提;王臣二十五人(rje 'bangs nyer lnga)亦將前來襄助;與汝生當並世之伏藏師有十人;七位得密法成就者將生而為汝之子孫。」

伏魔金剛乃遵從蓮師意旨,與勇父空行等眷屬,前

---

[1] 本序所據之資料來源如下:

一、《大伏藏師法主飲血摧魔洲自傳》(*Gter chen chos kyi rgyal po khrag 'thung bdud 'joms gling pa'i rnam par thar pa zhal gsung ma bzhugs so*),尊者自著。

二、《幻化伏藏師飲血摧魔洲啟白感戴車》(*sPrul pa'i gter ston khrag 'thung bdud 'joms gling pa'i rnam thar gsol 'debs mos gus kyi shing rta*),為傳記祈請文,無畏智金剛造。

三、《摧魔軍行狀》(*bdud dpung 'joms mdzad*),簡略傳記敬禮文,無畏教日,即第三世多竹千造。

四、《現證自性大圓滿本來面目教授.無修佛道》(*Rang bzhin rdzogs pa chen po'i rang zhal mngon du byed pa'i gdams pa ma bsgom sangs rgyas bzhugs so*),即本論。

五、《大圓滿立斷淨治明相科判略義》(*rDzogs chen khregs chod snang sbyang gi bsdus don sa bcad bzhugs*),無畏智金剛造。

赴多康之下色谷。1835年，尊者於虹光蘊中，降生為摧魔洲。其父名阿丹（Ah brtan），屬阿扎・珠（Ah lcags 'bru）血統之努（gNubs）氏。母名博竹（Bo rdzog），屬木沙・卡（dMu tsha sga）之血統。

摧魔洲尊者一如多・智悲尊者（mDo mKhyen brtse 1800-1866），於孩提時，已展現其奇異希有成就。生具智慧與神通之稟賦，雖處身凡夫中，實已須臾不離諸佛剎土，而諸佛、聖者及空行等，亦恆常護持尊者之身心。

尊者從人間祖師中，如無畏上師（Bla ma 'Jigs med）、妙音上師（Bla ma 'Jam dbangs）、噶陀泥塔活佛（Kau thog lCags tsa sprul sku）及巴珠甯波車（dPal sprul rin po che）等，所得之灌頂及教授實在不多；但於其甚深淨相中，則自諸佛及聖者處取得無盡之教法。

尊者一生，所遇惡緣障礙無數，但卻能盡轉之為弘法助緣。尊者晚年雖然健康欠佳，卻能以神通力，於舉手投足間治愈病者無數。

尊者體格健碩，臉深棕色，半帶忿怒相，眼大而有神[2]。穿白色密袍，配帶耳環等嚴飾。長髮泰半束髻，餘則披肩。當尊者以炯炯有神之目光望向前方，縱其心子，亦不敢先尊者而行。因尊者身現神妙，眾咸異之，故果洛（mGo log）之人於祈禱際，不依慣例向身語意作祈禱，反曰：「噫！摧魔之身。」

2 余曾見摧魔洲尊者之肖像，乃造於尊者面前，且置於尊者及其子金剛摧敵活佛所住之帳蓬中。

尊者除暫居雜曲卡谷（rDza chu kha）兩次外，一生皆於多康果洛之色谷、多谷（rDo）及瑪谷（sMar）[3]等三小谷渡過。

摧魔洲尊者於二十三歲時，自出生地色谷遷至瑪谷，受吉里（rGi li）族之供養有年，故亦名吉里伏藏師。

於四十六歲時，尊者遷往上師谷（Bla ma rong）及上色谷一帶。最後於五十四歲時，於上多谷之利峽谷（Li）中，修築安居善緣寺（Dar tshang skal bzang dgon）關房，並於此終老。

尊者二十五歲時，自瑪谷巴德爾（sBa gter）之石巖中取得授記，指示應如何獲取伏藏。同年，尊者依授記於色谷之雅拉達孜（rNga la stag rtse）中，取得主要之地巖伏藏教法。

伏藏教法乃蓮師於九世紀時所巖藏，歷經數世紀後，部份為摧魔洲尊者所得，包括被埋藏之教法多卷，及眾多法器，全皆為意巖及地巖。

摧魔洲尊者之伏藏教法，主要有四：《淨相智網》（*Dag nang ye shes drva ba*）、《甚深法密意自解脫》（*Zab chos dgongs pa rang grol*）、《法性虛空界寶藏》（*Chos nyid nam mkha'i klong mdzod*）及《空行心要》（*mKha' 'dro snying thig*）。

尊者晚年時，曾懇請果洛地區居民遷往中藏工布谷（Gongs po）之蓮花崗（Padma bkod），以逃避將臨之劫難。蓮花崗為曾受蓮師加持之山谷，咸被視為主要秘境（sbas

---

[3] 現今，色谷及一半之多谷，屬四川省甘孜藏族自治州之色達縣；瑪谷及另一半之多谷，則屬青海省果洛藏族自治州之班瑪縣。

yul）之一，當黑暗時期之際，實為信眾之隱藏地。

怙主金剛摧敵活佛（sKyabs rje sPrul sku rdo rje dgra 'dul）曾告余等曰：「彼（摧魔洲尊者）曾向吾人云，將引領徒眾前往蓮花崗內之秘境山谷。但以體弱故，不能乘馬。徒眾遂造一肩輿，以備尊者於漫長艱險旅途所需。因尊者身體健碩過人，所造之肩輿，不知何故，竟不能容。當時摧魔洲尊者云：『由之，無非表義而已』。此事後聞於其子多竹千三世（rDo grub chen III），彼云：『此即謂尊者不以現身前往蓮花崗，否則，尊者所須即為真實之肩輿，而非表義者也。』」

摧魔洲尊者圓寂於1903/04之際，並於蓮花崗轉世，是為怙主無畏智金剛（sKyabs rje 'Jigs bral ye shes rDo rje 1904 - 1987），亦即摧魔二世。

摧魔洲尊者之八子，皆著名活佛，其名曰：無畏教日（'Jigs med bstan pa'i nyi ma 1865 - 1926），即第三世多竹千甯波車；親珠贍部洲自在主（mKhyen sprul dzam gling dbang rgyal, 1868 - 1907），即多・親尊之轉世；無垢光活佛（sPrul sku Dri med 'od zer, 1881 - 1924），乃大學者與伏藏師（其佛母即著名上師樂金剛（bDe ba'i rdo rje），而以色拉空行（Se ra mkha' 'dro）之名廣為人知）；於孩提時夭折之車約大持明（Che bo'i 'rig 'dzin chen mo）之轉世；大天力王活佛（sPrul sku Lha chen stobs rgyal, 1885 - ? 簡稱天力 Lha stobs）；蓮花金剛活佛（sPrul sku Padma rdo rje, 居於多竹千寺）；巴珠虛空無畏（dPal sprul Nam mkha'i 'jigs med, 1888 - ?），即巴珠甯波車之轉世；及金剛摧敵活佛（sPrul sku rDo rje dgra 'dul 1891 ? - 1959），繼承摧魔洲尊者之安居善緣寺。

尊者孫輩中，較著名者有親珠之子普賢日活佛（sPrul sku Kun bzang nyi ma, ? - 1958），為摧魔洲尊者之語化身；福德德贊（bSod nams lde'u btsan），為無垢活佛之子；金剛摧敵活佛之子教法活佛（sPrul sku bstan po）、及其女阿格女（Sras mo A 'ge）；日月活佛（sPrul sku Nyi zla），為天力活佛之子；及自在母（Sras mo dBang mo），乃虛空無畏之女。

以下為幾位現仍居於多康，屬摧魔洲尊者之家族傳承者：馬頭金剛自在主活佛（sPrul sku rTa mgrin dbang rgyal），乃福德德贊活佛之子；依怙處活佛（sPrul sku dGon pa skyabs），為阿格女之子，二位皆居於安居善緣寺；不異活佛（sPrul sku Mi 'gyur），乃天力活佛之外孫，居於瑪谷中之察里山（lChags ri）；及慧乘活佛（sPrul sku Thegs lo），乃普賢日活佛之子，居於色谷多竹千寺。

※　※　※

《淨治明相》，乃大圓滿立斷（khregs chod 音譯且卻）之甚深見地與修持教授，全名《現證自性大圓滿本來面目教授・無修佛道》。[4]

4 根據晚近發現玉谷隱士（gYu khog bya bra ba）的筆記（《玉谷隱士法界自解脫全集》，Ah 函，頁163），摧魔洲的一位弟子提供下來有關「淨治明相」的定義：「行者需要淨治一切由迷亂所生起者，成為現空無二。此所淨治者，包括對外器世間與其內有情之迷亂。以此為淨治〔之道〕，故名《淨治明相》。」

大圓滿修習，主要為兩種：立斷與頓超(thod rgal 音譯妥噶)。立斷者，乃斷除能所與煩惱之根本，此根本即我執，由是而證悟本覺——本來如是之心性實相。頓超者，由修習四光(sgron ma)，令內、外智與智慧光直接雙運。如是，遂能圓滿四顯現(snang ba)而證悟實性、亦即得菩提。

本論為摧魔洲尊者於淨相中（譯按：即定中），分別向十三位諸佛及祖師詢問關於大圓滿之見、修、行、果扼要問題時，所得之甚深教授。

見：《淨治明相》中，解說（一）人我與法我之「無有」（med pa）義；（二）諸法於法性中皆為一味（gcig pu 即唯一），即法爾而現之根本智；（三）輪迴與涅槃於離邊中之「周遍」（phyal ba 即平等）；（四）本始功德之「圓成」（lhun grub 即任運），離整治且自然澄明。

修：《淨治明相》指示行者，持無念於廣大本始基之覺性境中。如吉祥獅子指示尊者云：「捨棄身、語、意等善惡之業，無有作意，如秋日澄空……。」

行：本論指示，於日常行持中，必須空悲雙運。蓋二者實不可分，如水之與濕。

果：現證甚深光明本始基之法身，為具足三身：法身者，即為體性、即輪廻涅槃之平等清淨。報身者，即於自相中圓成智慧與功德。化身者，乃大悲心、內光明，且離蓋障。

此殊勝論著之閱讀或修習，只適於已圓滿共及不共前行（sngon 'gro）者，且須有具德上師之導引。此點非常重要。猶憶怙主普賢日尊者為余等數人教授《淨治明相》時，因有某幾位前行尚未具足，故仍須等候。

今怙主敦珠無畏智金剛尊者之親傳弟子，無畏金剛（談錫永）阿闍梨將此殊勝論著譯成漢文，以利益有情，實足令余悅樂無盡。余謹向諸遍知傳承祖師、及諸具大悲心護法等祈禱，願為聞修《淨治明相》者皆得智慧心性之加持。

義成活佛甯波車於佛乘基金會

（邵頌雄譯）

序二

談錫永居士據《淨治明相》漢文初譯稿寫出《西藏甯瑪派次第禪》的導論，行將在香港出版。承蒙不棄，來電徵序於予，予自思障深慧淺、何德何能？豈敢如此冒昧。然而拜讀談居士稿，意興盎然，乃略書於後，以抒胸臆。

一、談居士大著與區區因緣殊勝：（一）協助《甯瑪派叢書》繙譯工作之佘萬治先生，前在北京中央民族學院（今改名中央民族大學）就讀時，曾從予研習藏文，不期三十年前種籽，竟在晚近發芽！（二）法國漢學家戴密微氏名著《吐蕃僧諍記》由耿昇先生着手譯漢時，曾就予商討，琢磨譯例。有關藏族史、藏傳佛教及敦煌文書中若干問題（名相、人物、義理），予曾供獻芻蕘，後在甘肅人民出版社刊佈，台灣所印乃繁體字版也。（三）德國波恩大學博士研究生梅開夢（Carmen Meinert）女士，近一年中在北大進修，其論文題為《漢地禪宗與藏土大圓滿教法的關係》，梅女士輒來與予商酌有關資料、史實與疑難問題。就此三端與談居士成書之因緣上，自有不可思議之天意安排。

二、談居士對藏密之認識、理解，與區區鄙意相同、相通。即如談居士大著中云：「大圓滿道法，即以直指本來面目為建立見地的手段，此同於由菩提達摩大師傳入漢土的教法。」「祖師禪與大圓滿實同一旨趣，同一趨歸，唯漢土祖師禪則由最高處入手，不同藏密之由下趨上，若謂宗風不同，即此而已。」尤其是「西藏甯瑪派的大圓滿教法，自不可能與慧能的禪宗全同，而與楞伽宗的法門同出一脈。」這一觀點甚有見地，所以談居士說：「大圓滿法門於西藏雖被視為『頓門』，但他卻其實跟被漢土稱為『漸門』的楞伽宗有較接近的關係。」最為明確可信。而「無相所傳稱『保唐派』，傳人有保唐無住，保唐無住的禪法曾影響西藏，故西藏之重視《楞伽》，應受無住的影響」一段，可與甯瑪傳承歷史相互印證。

三、1990年在港濫竽杏壇，曾與金剛乘學會劉銳之上師時有過從，劉上師屬意區區組織譯場，以期迻譯《敦珠法王全集》。乃因時間迫促，未能兑現。今談居士大著，首發其端，匯通漢藏，功德無量，血脈相連，甘露普降。

謹祝談居士「歸元性無二，方便有多門」。

1998年10月19日王堯於北京寓廬

導論

導論

談錫永

頂禮兩代摧魔法王眾生依怙主
頂禮三種傳承上師持明教法尊
頂禮文殊師利語金剛般若導師
頂禮本淨虛空如來藏三身佛陀

一　本來面目與明相——釋論名

本論具名《現證自性大圓滿本來面目教授・無修佛道》（*Rang bzhin rdzogs pa chen po'i rang zhal mngon du byed pa'i gdams pa ma bsgom snangs rgyas bzhugs so*），簡稱《淨治明相》（*sNang sbyang*）。

「大圓滿」（rdzogs pa chen po）道法，即以直指本來面目為建立見地的手段，此同於由菩提達摩（Bodhidharma）大師傳入漢土的教法。關於這點，目前已成不爭之論，過去有學者揚禪闢密，實乃由於資料不足，且有門戶成見之故，因而便欠客觀。[1]

1　漢土近期著作，有藍吉富居士《壇經的修證理論與藏密的大圓滿法門》一文（收《中國佛教泛論》文集。），較能道出真相。雖然他所引用的資料與及結論，尚多可補充之處，但亦可見漢土學者對藏密大圓滿的看法，跟六七十年代已有顯著的不同。外人著述，則有 Jeffrey Broughton 的 "Early Ch'an Schools in Tibet"（收 Robert M. Gimello & Peter N. Gregory, eds., *Studies in Ch'an and Hua-yen*. Honolulu: University of Hawai'i Press, 1983:1-68）一文，據敦煌文獻，論述西藏於早期曾接受漢土的禪宗思想。此文對禪與大圓滿同源的探討，具參考價值。

今本論標題，明顯地將「大圓滿」與「本來面目」聯繫起來，而論師則為具傳承的著名大圓滿祖師摧魔洲（bDud 'joms gling pa, 1835-1904）；復由其轉生的敦珠法王無畏智金剛（bDud 'joms rin po che 'Jigs bral ye shes rdo rje, 1904-1987）科判[2]，是則藏傳大圓滿與漢土禪宗的關係，便揭露得更加明白。故本論所述的見（lta ba）、修（bsgom pa）、行（spyod pa）、果（'bras bu），當有助於漢土的禪宗行人參考，是不宜以其為藏密祖師著述，便持門戶之見。[3]

本論簡名《淨治明相》，即修治明相令得清淨之意。所謂「明相」（snang ba），即指法界中一切顯現，亦即輪迴涅槃的一切顯現。若謂禪宗重視無修無整無證，此既建立明相為所治，復說能治之法門，豈非有修有整有證？欲明此疑，則須知藏密之修證本來面目次第，由有修持而無修持，由有整治而無整治，由有行持而無行持，由有證量而至無所得，此中次第井然，實非一蹴而就。

因此我們可以這樣說，祖師禪與大圓滿實同一旨趣，同

---

2 題名為《大圓滿立斷淨治明相相攝義科判》（*rDzogs chen khregs chod snang sbyang gi bsdus don sa bcad bzhugs*）。

3 bDud 'joms 意即「摧魔」。此名相漢土傳統音譯為「杜炯」，今譯為「敦珠」，對音實欠準確，唯已積非成是，故仍從之。敦珠法王為摧魔洲尊者的轉生，而「敦珠」與「摧魔」實為同一名相的音譯與意譯。

至於認為密宗修持要建立本尊，與禪宗訶佛罵祖的宗風完全不同，是則無非以皮相視密宗。尤其是本論，借夢境或定境中之祖師、佛、菩薩開示以闡明修證本來面目之次第，作風與訶佛罵祖大異，從表面看來，與「祖師禪」實為殊途。唯若知祖師佛菩薩皆無非「明相」之建立，境界只在行者之一心，是則便知本論旨趣，其究竟義實與祖師禪同歸。

一趨歸，唯漢土祖師禪則由最高處入手，不同藏密之由下趨上，若謂宗風不同，即此而已。[4] 況且，自達摩而下，至五

---

4 西藏佛教成立初期有「吐蕃僧諍」，即漢土禪師摩訶衍與印度論師蓮花戒（Kamalaśíla）諍論。這次諍論，據藏土相傳為摩訶衍失敗，其「不思不觀」的修法為蓮花戒所破，並且傳下蓮花戒所造的三部《修習次第》（*Bhāvanākrama*）論著；然若據敦煌出土的《頓悟大乘正理決》，則摩訶衍並未失敗。關於此次諍論，目前尚多學者研究，一時未有結論。筆者較傾向 David Seyfort Reugg 在 *Buddha-nature, Mind and the Problem of Gradualism in a Comparative Perspective* 一書中的說法，謂摩訶衍失敗之事，係薩迦班禪偽造。大圓滿道須行者能住法性（dharamatā）中，始不思不觀、無修無證，若摩訶衍已提出「住法性中」此先決條件，則當不為蓮花戒所破，若未提出，則受破也應宜。此即研究是次「僧諍」的關鍵。

近人有兩篇文章專論摩訶衍，均收入*Studies in Ch'an and Hua-yen*。一為上面提及過的 "Early Ch'an Schools in Tibet"，另一篇則為 Luis O. Gómez 的 "The Direct and The Gradual Approaches of Zen Master Mahayana: Fragments of The Teachings of Mo-ho-yen" (pp. 69-168)。後者由敦煌出土殘片推論摩訶衍的教法，謂摩訶衍主張唯利根可入頓門，鈍根則須依次第而漸修。此文資料豐富，極具參考價值，唯仍未論定摩訶衍之「不思不觀」，有無提出「住法性中」為範限。

關於摩訶衍的師承，一直未有學者明確指出，筆者的看法，對研究「僧諍」與頓漸問題或有幫助，順便提出如下 ——

在《頓悟大乘正理決》中，摩訶衍自説傳承為「依止和上法號降魔小福張和上准仰大福六和上」。法國戴密微（Paul Demiéville 1894-1979）是率先研究此「僧諍」問題的學者，他說：「對這句話的斷句，我的把握不大。這裏似乎是丟落了六名大師之一的姓名；其中提到的某些姓名，也是少見多怪的。」（依耿昇譯《吐蕃僧諍記》，台北：商鼎文化，1994。下引同。）

其實這些禪師的名號，可於《景德傳燈錄》卷四找出。錄中載有一條，云：「第三十二祖弘忍大師五世旁出一百七人」，此中「第一世一十三人」，首出者即為「北宗神秀禪師」，此蓋以南宗的慧能為正傳，故列神秀為旁出。

至「第二世三十七人」中，有「兗州降魔藏禪師」、「京兆小福禪師」，此二人無疑即是摩訶衍師承中的「降魔、小福」。

《景德傳燈錄》卷第四有關於降魔藏的記述：「師七歲出家，時屬野多妖鬼魅惑於人，師孤形制服曾無少畏，故得降魔名焉。」又云：「秀師問曰：汝名降魔，此無山精木怪，汝翻作魔耶？」足證「降魔藏」此法名，時人口頭上唯稱之為「降魔」。

祖弘忍，及第六代神秀、第七代普寂，皆稱「楞伽宗」，其後楞伽宗被六祖慧能的弟子神會推翻，尊慧能為正統，由是始標榜「禪宗」之名，所以西藏甯瑪派的大圓滿教法，自不可能與慧能的禪宗全同，而與楞伽宗的法門則同出一脈。[5] 是故本論之「淨治明相」，雖跟漢土祖師禪之道法不同，但卻跟楞伽宗的禪法吻合，亦即跟菩提達摩傳來的禪法吻

於「第二世三十七人」中，尚有「西京義福禪師」，疑即摩訶衍師承中的「大福」。《舊唐書・列傳第一百四十一・方伎》有義福傳，謂其於開元二十年卒，「有制賜號大智禪師」，此或當時後人稱之為「大福」的原因。「大」者，以其死後有封號也。義福居西京，小福居京兆，二人皆為嵩山普寂的同門，為神秀的法嗣。普寂於唐中宗時，奉制統領神秀法眾，一時榮耀無比，兩位禪師因此也名顯一時，即身後亦為人稱道，「大福」、「小福」無非口語上作分別而已。

普寂門下，有一位「終南山惟政禪師」，《傳燈錄》列之為「第三世四十九人」之首，亦即「普寂禪師出二十四人」中，唯一見於著錄的一人，疑即摩訶衍師承中的「准仰」，於行草書體，「惟政」很容易誤抄為「准仰」。

如是，摩訶衍自述師承便可斷句云：「依止和上，法號降魔、小福、張和上、准仰、大福、六和上」。至「張和上」與「六和上」為誰，則暫時只能闕疑（筆者懷疑「六和上」即保唐無住禪師，今且存疑）。

要之，摩訶衍上藏王赤松德贊的疏，是按時人口語來稱呼其上師（和上）的法號，所以才會有「張和上」、「六和上」的叫法。這兩位禪師的稱謂其時必已流行西域，且為西藏人所熟知。

至於時人不呼禪師的法號，而稱之為「和上」，則有「唐和上」、「金和上」等稱謂可證。「唐和上」即資州處寂，俗姓唐；「金和上」即益州無相，俗姓金。由上述師承，足知摩訶衍為神秀門下第三、第四世，其為北宗無疑，因此，摩訶衍實在沒有可能是有如慧能門下的「頓門」，亦沒有可能主張入手即「不思不觀」。

5 關於楞伽宗的資料，可參閱胡適《楞伽宗考》，收張曼濤編《現代佛教學術叢刊》第四冊。敦煌出土的文獻，有達摩的「二入四行」教授，藏文標題為 *bSam gtan rgya lung chen po*。此外還有《楞伽師資記》的藏譯，由此可證，大圓滿法門於西藏雖被視為「頓門」，但他卻其實跟被漢土稱為「漸門」的楞伽宗有較接近的關係。

至於具體修習，大圓滿之先修「除障」為加行，即等同達摩之「報冤行」，此凡曾習「除障法」者皆知也。舉此一例即可為證。

合，故不宜執着名相，謂大圓滿所修非禪法也。[6]

若論頓漸，大圓滿與佛家餘乘比較，可稱為頓，以其直指本來面目故；但若與六祖慧能以下之祖師禪比較，則可稱為漸，因其有次第修習以淨治明相，非如祖師禪之下手便修「默照」。故大圓滿實為「漸修頓證」，此即同《楞伽》所說。由是「淨治明相」的法門，便有很重要參考價值。尤其當楞伽宗消亡之後，達摩所傳教法亦已失佚，是則由本論提及的次第止觀修習，或有助於理解達摩的禪法，而不致將神會所標榜者即視為諸佛心印。[7]

---

6 甯瑪派以《入楞伽經》為根本經，此即與達摩付四卷《楞伽》與慧可同一旨趣。

五祖弘忍門下開出三派，一為嶺南慧能、一為北地神秀、一為益州無相（金和上）。無相所傳稱「保唐派」，傳人有保唐無住。據前引 Jeffrey Broughton 的說法，保唐無住的禪法曾影響西藏，故西藏之重視《楞伽》，應亦受無住的影響。

依《高僧傳》及《歷代法寶記》，無相的禪法至無住時已有變動，無相尚較漸，無住已較頓，此或係受六祖慧能的影響。《歷代法寶記》為保唐派的著作，其記無相「每年十二月正月，與四眾百千萬人受緣嚴設道場處，高座說法，先教引聲念佛，盡一氣念，絕聲停念訖，云：無憶無念無妄。無憶是戒、無念是定、無妄是慧，此三句語即總持門。」（大正・五十一，no. 2075，頁185a。）

無相又云：「我此三句語是達摩祖師本傳教法，不是詵和上、唐和上所說。」（大正・五十一，no. 2075，頁185b。）詵和上即資州智詵，初事玄奘法師，後隨五祖弘忍；唐和上即處寂，為智詵弟子，亦即無相之師。

無相教人念佛至絕聲始「無憶無念無妄」，實是修兩念頭之間的法爾空隙。甯瑪派修數息，其口訣即教行者但住於一呼一吸之間，此即與無相的教法同一意趣，其間或有脈絡可尋，蓋此實為印度祖師之口訣也。故由甯瑪派大圓滿道法，應可尋出楞伽宗禪法修習之意趣。

7 《楞伽》云——

> 爾時大慧菩薩摩訶薩，為淨自心現流而問佛言：世尊，云何清淨自心現流？此清淨為漸為頓耶？
>
> 世尊答言：自心現流漸淨非頓，大慧，此如菴摩羅果漸熟非頓，淨自心現流有情眾亦復如是，漸而非頓……。

二　釋四決定 —— 總釋見地

本論分見、修、行、果四科，以說見地為最詳。

說見詳盡，以其即為修持、行持及證量之所依。於見上指示次第差別，則修持與行持之次第自明。證量即果，隨修持行持而得，故只須指示謬誤，辨別所證，行者即不入迷途，實無須細說其為如何如何，細說則反易滋誤會。[8]

> 大慧，譬如明鏡無分別頓現形象，大慧，如來清淨一切有情亦復如是，無分別頓入無相境界；大慧，譬如日月以光華頓照一切色法，大慧，如來令一切有情離顛倒見所成習氣，彼由此〔習氣〕而接受心現之外境；大慧，亦復如是，頓向一切有情示現不可思議佛智境界……。

（依拙《入楞伽經梵本新譯》第二品，收《大中觀系列》。下引同。）

此云「自心現流」，即是「明相」；此云「清淨自心現流」，即是「對治明相」。淨治則須漸修；此云「頓入無相境界」、「頓向一切有情示現不可思議佛智境界」等，即是直指「本來面目」。證智則為頓證。

若廢漸修，下手即求無念（不思不觀），無非只是誤會達摩的修法，甚至誤會慧能的教學，實非諸佛心印。前已說及，金和上所教修的「無念」，只是兩個念頭之間的空隙（如一呼一吸之間的空隙），此為法爾而有的無念，非下手即修默照而強求無念也。

[8] 藏密甯瑪派之九乘次第，每次第均有見修行果（或約為基道果），可參閱敦珠法王〈九乘見修行果差別〉及義成活佛甯波車（Tulku Thondup Rinpoche）〈九乘差別廣說〉。

漢土行人，每多誤會以為只須持「究竟義」而修。如是，即見地高高在上，必與實際修持行持脫節。復次，諸佛菩薩說法，有次第差別，實為不同根器的行人作不同層次的見地開示。故必須結合實修，始能對次第見地如實理解，若但執名相，以一己聰明才智揣度猜測，是必流為名相之學。近年盛行之所謂「批判佛教」即陷於名相的泥沼。學者唯糾纏名相，脫離實修，卻反自謂客觀，而不知一旦脫離實修，理解法義時必陷主觀，以實修者原有所修之道作為客觀標準，故不同於主觀臆測也。此如《楞伽・偈頌品》云 ——

> 凡愚分別於有法　實依三種作分別
> 由名由緣及所生　是由分別成迷惑（頌171）

諸佛安立名言，實欲解眾生迷惑。如前經同品偈云 ——

> 然而若無此施設　世間必定成迷亂
> 是故名言之建立　實為避免迷亂故（頌170）

說見分四決定。此即——一離言空性見；二自生智見；三無間且離邊見；四廣大法爾任運境。

此四者雖說為見，但亦可判別為見修行果。

一者，離言空性為根本見。

二者，總歸輪迴涅槃為本始基所顯的明相，總歸本始基為唯一自生智（自然智），此即如來藏的次第修習，故證自生智可說為修（關於本始基與如來藏，後文將予細說）。

三者，總歸輪涅於一、無間、離偏且離邊，是為行持之所依。故無間離邊可說為行。

四者，廣大法爾任運境則為行者證量決定，故說為果。

是故四決定，實說見修行果之差別見地。[9]

---

9 甯瑪派祖師龍青巴無垢光尊者（Klong chen rab 'byams pa, 1309-1363）於《實相寶藏論》（*Gnas lugs rin po che'i mdzod*）中，說「四金剛處」——

當下即是之實相（無有、空）
無執無着之修行（無分別、平等）
自然安住之瑜伽（無所得、圓成）
任運成就之法身（自然智、唯一）
（依郭元興譯，油印本。）

括號中的註釋為筆者依尊者的《論釋》所加。

跟本論比較，則為——

當下即是之實相——離言空性見
無執無着之修行——證自生智（自然智）
自然安住之瑜伽——無間且離邊
任運成就之法身——廣大法爾任運境

如是即知本論之四決定，實即「四金剛處」的見地。此即大圓滿見修行果之依據。

故知《心經》所說之「深般若波羅蜜多」，實非只說離言空性而已。若但為空性見，則何以說觀自在菩薩「行」深般若波羅蜜多也。說之為行，始為「自然安住之瑜伽」，始為不落二邊之「無間且離偏及離邊」境界。如是貫通經論，當即能得「金剛處」之決定。

於說此四決定時，本論引用了兩個重要的名相，一為「本始基」、一為「明相」。前已略說明相，本始基於後文將詳說。然於此處尚須指出，菩提達摩當年傳法，實有應用這兩個名相的概念。此即《傳法寶紀》之說達摩傳法慧可，為「密以方便開發，頓令其心直入法界。」此中的「法界」，應即是本論所說的本始基法身如來藏，其所謂「方便」應即是直指明相。[10]

今須細說「本始基」這一名相。

於論中，「本始基」的藏文為 gzhi dbyings。此中 gzhi 是「基」的意思，相應的梵文為 āśraya；dbyings 是「界」的意思，相應的梵文為 dhātu。故本詞直譯，應為「基界」，或由梵文 āśraya 之義，譯為「所依界」，即一切明相均依此界為基礎而自顯現。今譯為「本始基」，乃是意譯，以其為涅槃

---

10 《傳法寶紀》為禪家北宗重要史籍，久佚，於敦煌遺書中發現。今有三版本，以日本學者柳田聖山的整理本最為全備（見柳田聖山《初期禪宗史書的研究》，法藏館版）。

復如《景德傳燈錄》卷第四 ——

> 兗州降魔藏禪師，趙郡人也……受法後遇北宗盛化，便誓摳衣。秀師問曰：汝名降魔，此無山精木怪，汝翻作魔耶？師曰：有佛有魔。秀曰：汝若是魔，必住不思議境界。師曰：是佛亦空，何境界之有。（依宋道原纂，大正・五十一，no. 2076，頁232b。）

這段對話，是將涅槃界與輪迴界視為一體，故云「有佛有魔」，即佛與魔都是「明相」。若不落二邊，則不應執着於佛與魔的分別。

降魔藏此答對機，故神秀便許可之曰：「汝若是魔，必住不思議境界。」這「不思議境界」，便即是本始基法身如來藏。

降魔藏又答：「是佛亦空，何境界之有。」那便是破去對如來藏的執實。此即已超越「他空」（gzhan stong）見，超越《起信論》的「一心二門」。唯是否已超越執空、超越「自空」(rang stong)，從這兩句對話則尚難判定。

輪廻一切法所依，且為法爾，故特點出其「本始」之意。[11]

本始基攝輪廻涅槃二界者，此如《不增不減經》云 ——

> 不離眾生界有法身，不離法身有眾生界；眾生界即法身，法身即眾生界。舍利弗，此二法者，義一名異。[12]

此非謂二者等同，僅謂二者實同一味，均以本始基為所依之基。於經中，稱此為「一界」。如同經云 ——

> 一切愚癡凡夫，不如實知彼一界故，不如實見彼一界故，起於極惡大邪見心，謂眾生界增，謂眾生界減。[13]

至於眾生界復有三法，如同經云 ——

> 復次舍利弗，如我上說，眾生界中亦三種法，皆真實如不異不差。
>
> 何謂三法？一者，如來藏本際相應體及清淨法；二者，如來藏本際不相應體及煩惱纏不清淨法；三

---

11 此「本始基」，亦相當於佛經中的「本際」。如《寶積三昧文殊師利菩薩問法身經》云 ——

> 文殊問佛：本際法身有中有外有內，當從何得？佛言不可得。答言：本際以無際。
>
> （依後漢安世高譯，大正・十二，no. 356，頁238a。）

又如《勝鬘師子吼一乘大方便方廣經》中，〈自性清淨章第十三〉云 ——

> 世尊，生死者依如來藏，以如來藏故，說本際不可知。
>
> （依劉宋求那跋陀羅譯，大正・十二，no. 353，頁222b。）

言「本際法身」不可得，復言「本際」不可知，即因「本際」實法爾含容涅槃輪廻兩界（清淨污染兩界）一切法自顯現，無論執着那一界的顯現，都成法執，而持輪廻界中凡夫之心識，則實難知此「本際」。

復次，言「本際」者，有「法爾」及「無始以來」之意。《大寶積經・勝鬘夫人會第四十八》，菩提流志譯「本際」為「前際」，失義。

12 依元魏菩提流支譯，大正・十六，no. 668，頁467b。

13 同上，頁467a。

者，如來藏未來際平等、恆、及有法。[14]

或以為此三種法，第一種是如來藏不空義、第二種是如來藏空義，實屬誤解。因經中已明說是眾生界的法，眾生界即輪迴界，是則「不空如來藏」焉能視之為輪迴法？

原來這三種法，即是本始基中顯現輪迴涅槃兩界的機理。依本論，本始基中涅槃界的清淨顯現，唯以如來藏為基，而輪迴界中的污染顯現則以阿賴耶（ālaya，藏文 kun gzhi）為基。此阿賴耶不同「阿賴耶識」（ālayavijñāna，藏文 kun gzhi'i rnam par shes pa），如本論云 ——

> 由無明而令本始基被障者，殆為阿賴耶無疑。阿賴耶如瓶中之頑空，無思亦無明相顯現，有如昏睡或失知覺境界。…… 由此境界，業力風息晃動，此即嫉妒之體性，其功用為令一光明分於空性中生起，此即阿賴耶識，住於瞋之體性中。

是故如來藏便恰與阿賴耶相對，而非與「阿賴耶識」相對。上來所說眾生界三種法，須加表列，始易說明。[15]

本始基	如來藏	→	如來藏本際相應體	→	清淨法
	阿賴耶	→	阿賴耶識	→	不清淨法

由表可知，《不增不減經》所說眾生界三種法，第一種非指如來藏，乃指「如來藏本際相應體」及其所生一切清淨

14　依元魏菩提流支譯，大正・十六，no. 668，頁467b。

15　此中「阿賴耶識」，即「如來藏本際不相應體」。而「如來藏本際相應體」，則可方便說為佛的心識（智），唯因不能說佛具有心識，亦不能用「智」表明生起，故始名之為「如來藏本際相應體」。

明相；第二種則指阿賴耶識及其所生一切不清淨明相。前者即遍輪涅顯現，後者即輪迴界顯現。

至於第三種，說為「如來藏未來際」，此始為眾生經修道而於「未來際」所證的如來藏，既證已，即住平等性中，故說為「平等、恆、及有法」。[16]

---

[16] 甯瑪派中是立「心性」、「法性」、「平等性」三次第，後文將說及。
《勝鬘》復云：「世尊，然有煩惱、有煩惱染心。」（依劉宋求那跋陀羅譯，大正．十二，no. 353，頁222b。）
煩惱即指阿賴耶，煩惱染心即阿賴耶識。至於本始基，則如《寶雲經》卷三所云——

> 除蓋障菩薩白佛言：世尊，云何名為如實。佛即答言：此法唯可心知，難以口說，非是文字所能宣釋。
>
> 除蓋障菩薩白佛言：世尊，云何法相離於文字。佛答言：言語道斷，出過一切心所行處；離諸戲論，無造無作，亦無彼此；非籌量計較之所能及；亦非相貌；過於一切凡愚所見；出過魔界；出過一切結使處所；出過一切心意識表；不住寂滅賢聖處所；而諸賢聖之所證知。善男子，具此十事，是則名為究竟如實，是一切智所說不思議境界、不二境界。
>
> （依梁曼陀羅仙譯，大正．十六，no. 658，頁225c。）

此中所說十事，即超越（出過）輪迴涅槃二界一切明相，是則名為如實，此即本始基的義理，所謂含容一切法而不着一切法，為離於文字的法相。
於《法句譬喻經》中，即有關於修習超越阿賴耶及其自顯現的開示。
經言：有一少年比丘淫欲熾盛，難於自制，及欲持斧自斷其根，釋迦止之，曰：「卿何愚癡不解道理，欲求道者，先斷其癡，然後制心。心者善惡之根源，欲斷根者先制其心，心定意解然後得道。」於是世尊即說偈曰——

> 學先斷母　率君二臣
> 廢諸營從　是上道人
>
> （依西晉法炬共法立譯，大正．四，no. 211，頁577b。）

漢譯本這首偈不易解，若依藏本，則可改譯如下——

> 應先弒父母　滅君及二淨
> 且滅國與境　斯人自性淨

據敦珠法王開示，偈中的「父母」，指能執與所執（如情欲與執持情欲）；「君」指阿賴耶；「二淨」指崇拜梵天的清淨行，以及執着於苦行、戒律的清淨行；「國與境」即阿賴耶識及餘識等八識聚，以及內入之能所。若能超越上述種種，則為自性清淨。
此即以阿賴耶為君，以阿賴耶識為國，亦即阿賴耶識之生起，實依阿賴耶。故修證阿賴耶的空性，便須除情意之執，且除人我、法我之執，及種種由識與境生起的污染。
如是即為對治明相之道。

由於本始基及如來藏均為凡夫不可思議的境界，是故凡夫修道唯修阿賴耶識，以至證阿賴耶的空性，亦唯由此始能認識如來藏及明相，因此上來所說眾生界三種法，唯第二種（阿賴耶識及不淨法）對實際修持最為關切。於證阿賴耶空性後，始進而至證如來藏的空性，以迄圓成「未來際」的平等、恆、有法。[17]

上來總釋四決定，空性雖為根本見，唯以修道而言，則須知本始基及明相自顯現的義理，此如星月於大海中顯現，其顯現雖依於大海，但卻實非由大海造作而生起。故本始基雖具輪迴涅槃二界明相，而明相實自顯現，非由本始基造作而成。且對本始基而言，亦無輪迴涅槃的分別，如大海對星與月實無分別。[18]

三　離言空性 —— 釋見之一

佛家諸宗無不說空性，唯所空的範圍卻有差別。本論所說為「離言空性」，以輪迴界空，即涅槃界亦空，以至兩界明相所依之本始基亦空，如是空性境界實離言詮，唯佛內自證，

---

17 這三個層次，甯瑪派分別稱為心性自解脫、法性自解脫、平等性自解脫。故龍青巴尊者便有說此三種自解脫之三論。

18 此如《寶性論》釋頌云 ——

如空遍一切　具無分別性
心本無垢性　亦遍無分別

（依拙《寶性論梵本新譯》，第一品，頌49，收《大中觀系列》。）
故周遍且無分別，如虛空、如大海，即是法爾清淨自性。

故立名相為離言空性。[19]立「離言空性」，謂涅槃界亦空，非是斷見，以其空而法爾能作功德事業，譬如大日，雖空而法爾有光輝與熱力，故說空性非是虛無，此即所謂「名言有」。[20]

輪迴涅槃兩界明相，皆名言有，此中又分「人我」（pudgalātmagrāha）與「法我」（dharmātmagrāha）。

本論空人我，分三際以建立見地，即索求初際生起「我」之源頭；尋伺「我」於中際時何所住；尋求後際「我」所趣之境，如是三時皆不可得「我」，由是說人我空。[21]

本論所重為法我空，層層建立空性決定，此即道次第之所依。此中所包羅之法義廣大，唯識、中觀、如來藏三系大乘思想皆攝。說法我空分四——

---

19 此如《文殊師利所說不思議佛境界經》云——

> 爾時文殊師利菩薩白佛言：世尊，如來於何等境界而得菩提？佛言：童子，我於空境界得菩提，諸見平等故；無相境界得菩提，諸相平等故；無願境界得菩提，三界平等故；無作境界得菩提，諸行平等故。童子，我於無生、無起、無為境界得菩提，一切有為平等故。
>
> 時文殊師利菩薩復白佛言：世尊，無為者是何境界？佛言：童子，無為者非思量境界。
>
> 文殊師利菩薩言：世尊，非思量境界者是佛境界，何以故？非思量境界中無有文字。無文字故無所辯說。無所辯說故絕諸言論。絕諸言論者，是佛境界也。
>
> （依唐菩提流志譯，大正・十二，no. 340，頁108a-b。）

20 如上經云——

> 文殊師利菩薩言：世尊，空是有，是故貪瞋癡亦是有。
> 佛言：童子，空云何有？貪瞋癡復云何有？
> 文殊師利菩薩言：世尊，空以言說故有，貪瞋癡亦以言說故有。
>
> （同上，頁108c。）

所謂「言說故有」，即名言有。

21 此種尋求，貌似小乘，如中際時尋求「頭」非我、「皮」非我等，尤似小乘之析法空。然分初、中、後際以尋求，實即尋求輪迴界明相為自顯現之理，故已為體法空的層次。

一尋伺明相所緣之基。由此出「本始基」及「明相」的義理。此中說「明相」如何於空性中生起，成為緣起，是為重點。

二遮撥一切法似實有。此中指示無為虛空，指示有為法如何為實性空，是為重點。

三說辨難利害為過失。由此說本尊與魔障（善與惡）之利害執著，實為迷亂，如是明平等性，是為重點。

四破希疑。此中希求涅槃與疑懼輪迴皆為所破，由是知內自顯現深義，是為重點。[22]

---

[22] 本論體例，為論主在夢中或定中與祖師、菩薩、佛對話。說法義訖，聖者每謂如是如是即可成何種瑜伽士，此法義及稱謂，即明示次第。

茲表列如下，以清眉目——

聖者	所說法義	瑜伽士名
觀自在菩薩	人我與名相根基	無
海生金剛	明相為幻化	幻化瑜伽士
伏魔金剛	七種金剛喻	虛空瑜伽士
無垢光上師	假有法無非明相	善種姓子
薩囉哈尊者	離利害	本覺童子 幻化廣大瑜伽士
金剛手	破輪涅希疑	虛空自在遍入金剛
金剛具力	本始基	總歸輪涅瑜伽士
金剛持	明相自生顯現	（得金剛持口訣）
吽迦羅尊者	唯一周遍自性空	本覺主
文殊語獅子	廣大法爾任運	（得無上果之基界）
海生金剛	方便道	無
一髮母	說尊貴乘名義	無
吉祥獅子	修持指示	無
般若名稱上師	正行指示與證果	無

今說「尋伺明相所緣之基」。

此見地，為法我空四見的基礎。明相所緣之基，即是「名相」，所謂「名相」，即是以標籤加於非實有之明相上。由是知一切法皆空，所具者無非假名。此即《金剛經》之三句義：「甲、非甲、是名為甲」。[23]

復次，須知緣起。即唯具假名之事相以何因緣而得顯現為明相。本論指示，以本始基為因，以執我之識為緣，如是因緣和合，一切明相即如幻顯現。於此復依次第，解說一切法何以如幻、何以如夢，以至何以如鏡影、如乾闥婆城、如迴聲、如水中影、如水泡等，廣明緣起所生明

上表後四項無呼名，以所說為修持、行持與證量，故不須說與見地相應之名。

今人將「瑜伽行」（Yogācāra）等同唯識學派（Vijñaptimātra），實只是方便的說法，實際上，「瑜伽」（Yoga）為「相應」義，凡與見地相應的修行皆稱為瑜伽。因此唯識學派可包括於「瑜伽行」之內，而不能說「瑜伽行派」即唯識學派。由是「瑜伽行中觀」，即指持中觀見修止觀的行人，並非將中觀與唯識調和建立一理論，而安立此名。換而言之，「瑜伽行」通指心識修習，而「瑜伽行中觀」則唯指持中觀見以作修持的行人。

修瑜伽行的行人，稱瑜伽士（Yogin）。此中所謂「幻化瑜伽士」、「虛空瑜伽士」等，即謂其能與「明相為幻化」、「虛空七金剛喻」等見地相應，非謂有特別法門可修成幻化瑜伽士、虛空瑜伽士。亦即謂，由任何法門修習皆與名相無關，所關者只是其修習而得相應的見地。

此如《瑜伽師地論》卷三十八所云——

> 云何菩薩法隨法行……一者奢摩他；二者毘鉢舍那；三者修習奢摩他毘鉢舍那；四者樂修奢摩他毘鉢舍那。
>
> （依唐玄奘譯，大正・三十，no. 1579，頁503c-504a。）

此「法隨法行」即修止、觀、止觀雙修、止觀雙運，攝無量勝三摩地，是故凡修止觀皆可稱「瑜伽行」，而不限於唯識也。若如今人，但以「瑜伽行」專指唯識學派，則將不明本論於各次第立「瑜伽士」之名，實為次第見修配合。

23 須知此「三句義」為同時，非先肯定，再加以否定。即於肯定其假名之同時，已否定其本質。

相。[24]故欲了知明相所緣之基，須知二事。一者假名施設；二者明相顯現之因緣。此已如前說。

次者說「遮撥一切法似實有」。

此謂空性之虛空，為生起一切情器世間之基，如月影以水為基。空性虛空具七金剛功德——無瑕（mi chod pa）、無壞（mi shigs pa）、無虛（bden pa）、無染（sra ba）、無動（brtan pa）、無礙（thogs pa med pa）、無能勝（ma pham pa）。[25]

---

[24] 此如《解深密經・如來成所作事品第八》云——

> 當知化身相有生起，法身之相無有生起。
>
> （依唐玄奘譯，大正・十六，no. 676，頁708c。）

又云——

> 曼殊室利菩薩，若於是處，我以十一種相，決了分別顯示諸法，是名本母。何等名為十一種相。一者世俗相；二者勝義相；三者菩提分法所緣相；四者行相；五者自性相；六者彼果相；七者彼領受開示相；八者彼障礙法相；九者彼隨順法相；十者彼過患相；十一者彼勝利相。
>
> （同上，頁709a。）

此十一種相，已攝清淨污染一切法相，輪迴涅槃以及修行道上種種相悉包括無餘。復云——

> 佛告曼殊室利菩薩曰：善男子，汝今諦聽，吾當為汝略說不共陀羅尼義：令諸菩薩於我所說密意言詞能善悟入。善男子，若雜染法、若清淨法，我說一切皆無作用，亦都無有補特伽羅。以「一切種」離所為，故非雜染法；先染後淨非清淨法。
>
> 後淨先染凡夫異生，於粗重身執着諸法，補特伽羅自性差別，隨眠妄見以為緣故，計我、我所，由此妄見，謂我見我聞我嗅我嘗我觸我知；我食我作我染我淨，如是等類邪加行轉。
>
> （同上，頁710b。）

此即說以執我之識為緣，緣生一切顯現。

[25] 此如《文殊師利菩薩問法身經》云——

> 文殊言：諸法無有恐懼，若金剛。
>
> 佛問何謂金剛？答言——
>
> 無能截斷者，以故名曰金剛；佛不可議，諸法亦不可議，以是為金剛。

然則情器世間宛然具有，今謂其乃自空性本始基中自顯現，則其機理究如何耶？

本論謂自「阿賴耶」之空性中，以諸根對覺受之執着為緣，於是乃有輪迴界顯現，此乃就修行者之凡夫境界而言。以行者皆自凡夫起修也，故暫未說及涅槃界明相顯現。[26]

佛言：何所為金剛者？文殊言 ──
勝諸法故，佛者，法之審故，是為金剛。
佛以何因為金剛？則答言 ──
所有無所有，一一求之無所有，故曰空。空者是佛，以是為金剛。
一切諸法皆佛，依無所依，是故金剛。
何緣是為金剛？則言 ──
無所依者無所近，是故為金剛。
（依後漢安世高譯，大正・十二，no. 356，頁238a。）

此即說七金剛功德，唯名相不同，互有開合而已。依空性虛空顯現，故曰「依無所依」，此即是因；無所依則無所近，是即無染，亦即以無執我之識為緣。如是成就七金剛功德。故欲遮撥實有，須先了知此本始基空性虛空七金剛性，以一切實法皆違反七金剛性故，具如本論所言。

26 此如《辨中邊論》中彌勒菩薩云 ──

虛妄分別有　於此二都無
此中唯有空　於彼亦有此
是故一切法　非空非不空
有無及有故　是則契中道
（依唐玄奘譯，大正・三十一，no. 1600，頁464b。）

諸根覺受起執着，即是虛妄分別。以此為緣，遂有情器世間明相顯現，是即「虛妄分別有」，然於此境界中，實無能顯所顯、能取所取，故云「於此二都無」。故於虛妄分別顯現中，但有空性；或可說為：於空性中卻有虛妄分別明相，是即「此中唯有空，於彼亦有此」。如是即說輪迴界的明相機理。至於涅槃界，明相顯現的基本法則亦與輪迴界相類，以如來藏為因，以微細法執及習氣為緣，遂有涅槃界明相生起。故輪涅兩界一切法，「非空非不空」，明相宛然故「非空」，明相以及基界皆無實體故「非不空」。如是以證有無，即中道義。

漢土學者有誤以為彌勒唯說唯識，故以中觀家自居者，必不引彌勒此二頌以說空有，此門戶成見局限，遂致不能了解如來藏義。今由本論之建立本始基與明相概念，則當知彌勒此二頌實為了義說也。但說緣生性空而不說顯現，於理始終未圓。（彌勒《辨法法性論》說離「法」以依「法性」（轉依），更非專說唯識。此論有法尊法師及韓鏡清居士譯本，唯所譯皆微有缺失。美國學者 Raymond E. Robertson 近日將其譯稿示余，相互討論，始明二譯之失。）

一切有情本為明相自顯現，生於自顯現之情器世間，實難了知一切無非明相。此如螢光幕內之劇中人，於搬演劇情時一切皆真實，唯螢幕外之觀眾能了知無非幻境。以此為喻，螢幕內即污染輪迴界，螢幕外則相對而為如來藏之明相，可視為清淨涅槃界。於本論則以夢境及醒時為喻，明此二界皆如幻，由是始能說於法性中佛與有情平等，如是即能得「法我空」之決定。[27]

本論說「法我空」，指示證悟之方便，即謂應修般若二份，一為由伺察而得「一切顯現皆空」之決定，此為妙觀察智；一為於輪涅上得空性決定後之無間類智，此為無我觀察智。前者破阿賴耶緣生法執，後者則兼破執如來藏為實體之他空。如是，先破輪迴界一切法，然後破輪涅二界一切法，是為了義空。[28]

---

27 此如《如來莊嚴智慧光明入一切佛境界經》云 ——

> 如來法身，不生不滅、不去不來，以此為體，如鏡中像世間所見。隨諸眾生種種信力，如來示現種種異身，隨彼眾生感有長短，如來現身命有修促。隨彼眾生於大菩提有能信力，如來現身。隨彼眾生信心能知三乘之法，如來現身。隨彼眾生得解脫力，如來現身。
>
> （依元魏曇摩流支譯，大正・十二，no. 357，頁240c-241a。）

又云 ——

> 文殊師利，彼清淨法身無說無體，而諸眾生依善根業力聞妙法聲，謂如來說法，謂世間有佛。
>
> （同上，頁241b。）

此說化佛隨眾生業力現身說法，而法身則「無說無體」，即明示輪迴涅槃二界空相。凡夫處身於「鏡中像世間」，始有鏡內、鏡外的分別。由是建立輪迴與涅槃二界的分別，是真可謂枉受輪迴。

28 此如《勝鬘經》云 ——

> 世尊，有二種如來藏空智。
> 空如來藏，若脫、若離、若異一切煩惱藏。
> 不空如來藏，過於恆沙，不離、不脫、不異不思議佛法。
>
> （依劉宋求那跋陀羅譯，大正・十二，no. 353，頁221c。）

故離異煩惱藏者為空如來藏，此即修證阿賴耶空性已，住如來藏法性之中。不離不異「不思議佛法」者為不空如來藏，此即修證如來藏的空性已，住本始基平等性中，法爾生起如來功德。

三者說「辨難利害為過失」。

學佛的人每計較利害，此為淨善，此為惡行，於是欲得本尊加持，而魔障得解脫，此即辨難利害。一生執着，即不知善惡佛魔實同一境界。由是墮為法執。[29] 墮此法執，以不知生起一切法之本始基為法爾空性，於是乃執一切如幻明相為實有，由是即有生死流轉。[30]

於實際修持時，甯瑪派首重除障，即修上師相應法亦以除障為方便，行者於此時遂易墮入對利益與損害、功德與業障的執着，由是於知識層面雖知平等性，而其實於法性尚未能住，且於心性亦未能證，如是修習，久之乃成牢不可破之法執，如是必墮輪迴，或生退轉。故破辨計利害，實為祖師

---

29 此如《商主天子所問經》云 ──

> 天子，此是諸佛境界。所有境界，入一切境界，無邊境界，是佛境界。
>
> 天子，菩薩摩訶薩入此境界已，行於利益，一切眾生境界之中亦復不生，魔境界中應當覺知，彼魔境界及佛境界，平等無二，不作異界。
>
> （依隋闍那崛多譯，大正・十五，no. 591，頁122a。）

30 此如《濡首菩薩無上清淨分衛經》云 ──

> 一切諸法有見無見如幻化也，普諸眾生而不解此，以其不解便即流轉受生死矣。於中觀之，亦無所有、亦無所得、亦無流轉。
>
> 解生死無，如本無者，則一切無受亦無生死。不曉本空便有生死。
>
> （依宋翔公譯，大正・八，no. 234，頁746a。）

所謂「本無」、「本空」，即阿賴耶與如來藏皆空，而本始基亦空。三者都無非為欲說明相顯現而建立之假名，故都無自性。能顯現之基既無自性，則所顯現之明相當然亦無自性。是故生起明相之基與明相，不離不異，此如《未曾有正法經》卷第五云 ──

> 復次大王，一切法與法界非即非離，本性平等無有差別。若了是者即於諸法無所罣礙，亦無增減。
>
> （依宋法天譯，大正・十五，no. 628，頁443a。）

此中所謂法界，與本始基可視為同義。唯若嚴格而言，一立「界」義便易生實執，故不若稱之為「基」，乃無一範限為執着。關於此點，於後文說大圓滿「心部」、「界部」、「口訣部」時將細說。

一片婆心。[31]

復次，行人若一對業障生執着，是必於修行時患得患失，計較利害，辨別境界，斯則於修持行持都成妨害。[32]

四者說「破希疑輪迴湼槃」。

---

31 此如《佛說魔逆經》云 ——

時魔波旬在於虛空，興大雲雨，聲揚大音，其音普聞一切眾會。時眾會者各心念言：此何等聲，流溢乃爾。

爾時世尊告文殊師利：仁寧見魔所興亂乎？答曰：唯然，天中天。

文殊師利即如其像，三昧思維，令魔波旬自然見縛，尋便墮地，喚呼稱怨，恚恨罵詈：文殊師利，今當杻械鎖縛我身。文殊師利答言：咄，魔波旬，復有繫縛堅固，難解踰過於此。今者所被如卿不覺。何謂堅縛，謂言吾我顛倒恩愛諸邪見縛、因緣繫縛，卿常為此枷鎖所縛，不自覺知。

魔又啟曰：唯見原赦，使得解脫。

文殊師利曰：汝當興造行作佛事，我能令卿從繫得解。

魔即對曰：我於佛事無所妨廢，亦無所壞，已當何因興作佛事。

文殊答言：波旬，欲知興作佛事修行，乃為菩薩智慧變化。假使如來興作佛事不足為難，魔作佛事斯乃為奇。

於是文殊即如其像，三昧思維，使魔波旬變作佛像，三十二相莊嚴其身，坐師子床，智慧辯才，所說如佛。

（依西晉竺法護譯，大正・十五，no. 589，頁114c-115a。）

波旬化佛說法，是即魔佛平等。此寓意深刻，非說文殊神通變化。

32 此如《維摩詰經》中，說優波離為二犯律比丘解說其罪，維摩來謂優波離云 ——

唯，優波離無重增此二比丘罪。直當除滅，勿擾其心。

（依姚秦鳩摩羅什譯，大正・十四，no. 475，頁541b。）

此謂「直當除滅」，即直證一切法自性空，於空性中當下即能滅罪。若未證空性，則不足言「直當除滅」。

更嚴竣的譬喻，則見於《聖善住意天子所問經》，說「文殊殺佛」事 ——

爾時會中有五菩薩，得四禪處、得五神通，時彼菩薩依三昧坐、依三昧起，未得法忍。時彼菩薩自憶宿世，曾殺母來、曾殺父來、殺羅漢來，念彼殘業，是故心熱不能獲得甚深法忍，不能證入，亦不存心。依我分別，心憶彼罪，不能捨離，是故不得甚深法忍。

爾時世尊知彼菩薩心可開曉，以威神力加被文殊師利童子。爾時文殊師利童子承佛神力，從坐而起，整服左肩，右手捉刀，磨令使利，疾走向佛。

佛家的基礎，在建立輪迴，然後教示眾生如何離輪迴枷鎖，登涅槃岸。然而此卻非說真有一地為涅槃界，如輪迴界所見，有種種明相顯現，有佛聚集，有種種心識思議事相。若如是說，無非為隨順執實世俗。[33]

或疑云：如此則何謂出離世間？蓋必須由一境遷至他境，然後始能謂出離此境也。此疑乃緣不知出離之義，所謂出離，非同遷境。[34]

爾時世尊即語文殊師利童子，作如是言：汝住、汝住。文殊師利，我先已被殺，極被殺已，何以故？文殊師利，久遠已來，何時有人生心殺我，若生殺心，即是殺已。

（依元魏毘目智仙共般若流支譯，大正・十二，no. 341，頁131c-132a。）

文殊承佛神力示現殺佛，是示現雖五無間罪證空即可解。釋迦說自己「先已被殺」，因為若有人生殺佛之心，即是佛已被殺。是說若心受污染，生執着分別的人，即使只是起殺佛之念，便已等如殺佛。此故事譬喻極為深刻。由是可知辨別利害、計較是非得失，即落輪迴世網，雖修法精進，行持謹慎，唯能生天，而實不能解脫。

33 此如《文殊師利所說不思議佛境界經》中所說 ──

佛言：童子，汝今應說諸佛境界。

文殊師利菩薩言：世尊，佛境界者，非眼境界、非色境界；非耳境界、非聲境界；非鼻境界、非香境界；非舌境界、非味境界；非身境界、非觸境界；非意境界、非法境界。無如是等差別境界，是乃名為諸佛境界。

（依唐菩提流志譯，大正・十二，no. 340，頁108a。）

34 同上經言 ──

復次大德，此五蘊法同於法界。法界者則是非界。非界中，無眼界、無色界、無眼識界……無意界、無法界、無意識界。此中亦無地界、水界、火界、風界、虛空界、識界。亦無欲界、色界、無色界。亦無有為界、無為界。我人眾生壽者等，如是一切皆無所有，定不可得。

若能入是平等深義，與無所入而共相應，即是出離世間法也。

（同上，頁110b。）

由是即知，能入及無所入「平等深義」，然後始能說為出離。所謂能入而無所入者，即於此平等深義亦不執。

遷境者，無非心識之轉移，而凡具心識則必為有情，故有境可住則必不能稱之為佛。然而佛亦卻非為虛無，以其有功德事業利益有情眾，故對於佛，凡夫只能稱之為不可思議，且假名之為佛界，以與有情界相對。既為假名安立，則自無一真實境界可遷。[35]

或難云：有情界亦為假名安立，何以卻有六道輪迴。如由餓鬼遷轉為人，其情器世間不同，豈非假名安立亦有境可遷？

答云：此以六道有情皆具心識故。前已說情器世間之建立，以阿賴耶為因，以心識虛妄分別為緣。佛離因緣，是故非情器世間；不同六道，雖為假名，卻有心識攀緣，執之為實，由是有明相顯現而成世間。[36]

是故依了義而言，本論乃作一決定云：「佛道無非內本始基」。由是即知輪迴界固空，而涅槃界亦非實有本體。

---

[35] 此如《如來莊嚴智慧光明入一切佛境界經》所云——

如是文殊師利，如來應正遍知空無不實，無名字無音聲，無住處無體，不思議。無相、離心意意識，不生不滅亦復如是。

（依元魏曇摩流支譯，大正・十二，no. 357，頁242a。）

[36] 此如《解深密經》卷五頌云——

一切雜染清淨法　皆無作用數取趣
由我宣說離所為　染污清淨非先後
於粗重身隨眠見　為緣計我及我所
由此妄謂我見等　我食我為我染淨
若如實知如是者　乃能永斷粗重身
得無染淨無戲論　無為依止無加行

（依唐玄奘譯，大正・十六，no. 676，頁710b。）

由是知佛界之假名安立，不同六道情器世間假名安立。前者永斷粗重身，後者未斷。

四　本始基 ── 釋見之二

本始基非本論新建立，它跟法界、佛性可視為同義詞，然而安立假名的取向卻有所偏重。說為「法界」，似有一實境；說為「佛性」，似有一實體；說為「本始基」，則偏重於其為明相顯現之所住，故可理解為「明相住地」、「顯現所依」。

故說本始基，可分為三科 ──

一者說「本始基之理」。
二者說「本始基於涅槃邊之示現」。
三者說「本始基於輪迴邊之展現」。

本始基之理，說為輪迴涅槃空性之體。輪迴涅槃則為本始基之兩種展現。對本始基之展現而言，輪涅皆無非為明相顯現，故視輪涅為一體，於本始基體性空中為共相。[37]

「大圓滿」立三句義：體性本淨（ngo bo ka dag）、自相任運（rang bzhin lhun grub）、大悲周遍（thugs rje kun khyab）。

此中，本始基即為本來空淨之「體性」；輪迴涅槃一切

---

[37] 此如《文殊師利菩薩佛剎功德莊嚴經》云 ──

> 師子勇猛雷音菩薩曰：若於法性，不違法性，不作種種分別 ── 是凡夫法、是聲聞法、是緣覺法、是如來法，入於一相，謂遠離相，是即名為一相法門。
>
> （依唐不空譯，大正．十一，no. 319，頁917a。）

又云 ──

> 普見菩薩曰：若說法者應平等說。其平等者所謂空性。不於空性思維平等，於平等法亦無所得，如是說者，是即名為一相法門。
>
> （同上，頁917b。）

由是即可知於空性中視輪迴涅槃一切法為共相之義。

法明相即是任運之「自相」；法性遍入輪涅二界，即是周遍之「大悲」。故此三句義，即謂以法爾空淨本始基為母胚，法性周遍展現於輪迴與涅槃。若作分別，有種種別相。自空性而言，則一切相均為法性展現而已，故說為共相。此即深般若波羅蜜多，即不二法門，即不可思議法門。[38]

然則，解脱境，即涅槃界如何於本始基中展現？

此說佛之四身五智於本始基中法爾具足。論云：

> 「本始基即本始怙主普賢王如來，具四身及五智。其體性為空性，此即法身；其自相為光明，此即報身；其大悲為自解脫，此即化身；圓滿周遍於輪迴與涅槃，即自性身。
>
> 因一切法之開展，故有法界體性智；因其為光明及離垢，故有大圓鏡智；因輪涅皆為平等清淨之展現，故有平等性智；因無間通達諸法自性及其

---

[38] 此即如《六金剛句》所云——

> 種種法總相　自性皆無二
> 種種法別相　遠離戲論見

大圓滿三句義非甯瑪派創說，亦非印度佛教後期祖師創說，其法義屢見於末轉法輪經典。於末轉法輪，說「如來藏藏識」，或說「如來藏」與「阿賴耶」，即說輪涅展現之理。

今略引《大寶積經．法界體性無分別會》以見一斑——

> 如來所行者，於一切法清淨體性無所分別。
>
> 以此般若體性淨故，知菩提體性淨；知菩提體性淨故，知眾生體性淨；知眾生體性淨故，知一切法體性淨；知一切法體性淨故，於諸法體性得如實智。得如實智故，隨所聞事是法界性，說無分別。
>
> （依唐菩提流志譯并合，大正．十一，no. 310，頁145c。）

菩提體性淨即涅槃邊淨，眾生體性淨即輪迴邊淨。如是說一切法於空性中無分別。故此「如實智」，即名自生智（自然智）。

別相，故有妙觀察智；因一切法皆以解脫及清淨以成就之，故有成所作智。」[39]

---

[39] 四身五智為方便說，蓋欲引導凡夫能思議不可思議境界，便須假立四身、五智種種境界。

各宗假立有所不同。中觀家通途只立三身四智，唯識家則據《大乘莊嚴經論》、《成唯識論》等立四身四智或四身五智。

甯瑪派對四身之假名安立與唯識家又有不同。本論之安立，「自性身」及「法身」實同為本始基，本始基之自性身，顯本始基「自性」義；本始基之法身，顯本始基「為功德所依」義。故說本始基之法身為如來藏。

此如《如來藏經》云——

> 善男子，諸佛法爾，若佛出世、若不出世，一切眾生如來之藏常住不變。
>
> （依東晉佛陀跋陀羅譯，大正・十六，no. 666，頁457c。）

所謂「如來之藏」，如經云，即「常無染污、德相備足」，此即說佛之功德相。

復如《不增不減經》云——

> 舍利弗，一切愚癡凡夫，不如實知一法界故，不如實見一法界故，起邪見心，謂眾生界增，謂眾生界減。
>
> （依元魏菩提流支譯，大正・十六，no. 668，頁466b。）

此所謂「一法界」，即本始基。以其法爾，故不增不滅。

至於五智安立，本論亦有特義。謂於本始基生決定見，即於法性中證法界體性智；輪涅明相之生起，為大圓鏡智；輪涅於空性中平等，為平等性智；本覺之力用，為妙觀察智；力用自在，得一切法爾成就，為成所作智。

如是為五智定義，實說為本始基之五種力用，然本始基實如虛空。此如《大乘莊嚴經論》卷三頌云——

> 如空遍一切　佛亦一切遍
> 虛空遍諸色　諸佛遍眾生
>
> （依唐波羅頗蜜多羅譯，大正・三十一，no. 1604，頁603a。）

說本始基空非為斷滅、不是虛無，以其有四身五智故。此如上論云——

> 非體非非體　如是說佛體
> 是故作是論　定是無記法
>
> （同上，頁603c。）

依「釋論」，所謂「無記法」即是——

> 無記，謂死後有如來、死後無如來；死後亦有如來亦無如來；死後非有如來非無如來。如是四句不可記故，是故法界是無記相。
>
> （同上，頁603c。）

參閱《大乘莊嚴經論》卷三〈菩提品〉及《辨法法性論》，即知本始基及身、智建立之意趣。

既說涅槃界如何於本始基中展現為四身五智，復須說輪迴界如何於本始基中顯現。本始基之法爾清淨境界（如來藏），為無明所障，則五智光華隱沒，由分別執着，顯現為五大之光明，即地水火風空之明相。[40]

然則輪迴有情如何生起迷亂？

本始基清淨境界為無明所障，即成阿賴耶，是為「癡」之自性；於「癡」之境界中，業力發動，此即「妒」之體性；由是生起「阿賴耶識」，住於「瞋」之體性；同時生起「污染意」（末那識），執着自我，住於「慢」之體性；復次生起意識，住於「貪」之體性。[41]

---

40 此如《大樹緊那羅王所問經》卷三頌云——

地大水火及風大　四大猶之如虛空
能知此等皆平等　勇健乘空千億界

（依姚秦鳩摩羅什譯，大正・十五，no. 625，頁383a。）

又卷四頌云——

猶如虛空淨無垢　一切有物如實性
一切諸因及與緣　流轉造法無有主

（同上，頁385a。）

41 稱末那識為「污染意」，以意識攀緣外境並非污染，唯經末那識執着自我，加以虛妄分別，然後始生污染。此如《唯識三十頌》云——

次第二能變　是識名末那
依彼轉緣彼　思量為性相
四煩惱常俱　謂我癡我見
並我慢我愛　及餘觸等俱
有覆無記攝　隨所生所繫
阿羅漢滅定　出世道無有

（依唐玄奘譯，大正・三十一，no. 1586，頁60b。）

此中所謂「有覆無記」，即以其與我癡、我見、我慢、我愛四根本煩惱相俱，故末那識即生污染，是為「有覆」；非善非不善，故說為「無記」。

本論以阿賴耶所攝「癡」；因業風而攝「妒」；阿賴耶識攝「瞋」；然後末那識同時生起而攝「慢」。此即《唯識三十頌》之所說「四煩惱」。

復次，以本始基為因，以業風為緣，遂生起色、聲、香、味、觸種種明相，由是同時有眼、耳、鼻、舌、身五識生起 —— 讀者須知，明相非獨顯現為色法，亦可顯現為聲、香等相。如是，八識聚及其對境即一一生起，是為輪迴界之展現。[42]

說輪迴涅槃一切法，依本始基自顯現，為空性見之究竟義，即自生智。[43]

最後，論主簡別自宗與唯心、唯識。所以說一切外明相不同「一切唯心造」，是故非心，何以故？因為明相轉化，而心則相續，故心實不能知明相之體性，由是簡別「唯心」；復次，謂明相依次在八識中生起，若追尋至阿賴耶識，仍受縛於三有之頂，由是簡別「唯識」。如是簡別，皆基於觀修而說，不落言說理論，讀者於此應再三體會。

---

42 此如《唯識三十頌》云 ——

依止根本識　五識隨緣現
或俱或不俱　如濤波依水

（同上，頁60c。）

所謂「根本識」，指阿賴耶識。唯本論以阿賴耶識究竟依止本始基，故說本始基為因。至於生起五識之緣，細分則有多種，如唯識家說眼識有九緣等。本論則以一切緣均為業風的作用，此以唯識家細分種種別相，而本論則說總相，以一切緣皆歸於業。此中開合，即中觀家與唯識家的差別，實質唯總別之不同。總則不必建立「種子」，別則須說以自識種子為緣，而其實自識種子亦為明相而已。

歸一切法為明相，是說總相，此義讀者當知。

復如《成唯識論》說「染」與「雜染」。染，定義為煩惱；雜染，通善、惡、無記，即一切有漏法。故雜染有三：一者煩惱雜染，即一切煩惱及隨煩惱，此是為「惑」；二者業雜染，即從煩惱所生一切業，此是為「業」；三者生雜染，即謂依煩惱及業受生三界，此是為「苦」。本論說阿賴耶，即說惑；說業風為緣，即說業；說輪迴界明相自顯現，即說苦。

43 此如《大圓滿虛幻休息妙車疏》云 ——

妄相無根如眼花　離根本斷諸性相
觀察空無而常顯　了悟本自性不生

五 無間離邊 —— 釋見之三

依於空性本始基，輪廻湼槃明相自顯現，此顯現為無間，且離邊。無間、離邊，説為「如來藏」之自性，因如來藏周遍且離增益與減損。[44]

或難言：既説湼槃界的顯現依如來藏以為基，輪廻界的顯現則依阿賴耶，如何又説如來藏周遍輪廻湼槃一切法？

答云：此説法身。本論以「本始基法身」即如來藏，故説如來藏周遍，即謂本始基法身周遍。説如來藏離諸邊際，即謂本始基法身離諸邊際。故本章説如來藏，實專明本始基法身之義理，以説行持。[45]然説為法身，卻須知此法身亦非

[44] 此如《不增不減經》云 ——

舍利弗，此法身者是不生不滅法，非過去際，非未來際，離二邊故。

（依元魏菩提流支譯，大正・十六，no. 668，頁467a。）

所説「法身」，即指如來藏。經云 ——

舍利弗，甚深義者即是第一義諦；第一義諦者即是眾生界；眾生界者即是如來藏；如來藏者即是法身。

（同上。）

復如《如來藏經》云 ——

善男子，一切眾生雖在諸趣煩惱身中，有如來藏常無污染，德相備足如我無異。…… 善男子，諸佛法爾。若佛出世、若不出世，一切眾生如來之藏常住不變。

（依東晉佛陀跋陀羅譯，大正・十六，no. 666，頁457c。）

如是即為無間且離邊之義理。周遍常住即為無間；如佛德相即是離諸邊際。

[45] 如《如來藏經》云 ——

善男子，如來出世、若不出世，法性法界一切有情，如來藏常恆不變。

（依唐不空譯，大正・十六，no. 667，頁461c。）

説「法性」、「法界」，故知如來藏為法身。

又如《文殊師利問法身經》云 ——

佛者則法身，諸種力無所畏，悉法身之所入。

（依後漢安世高譯，大正・十二，no. 356，頁237b。）

故知「周遍」者實為法身義。

諦實。若諦實則落「他空見」（gzhan stong gi lta ba）。[46]

總歸輪涅於一，且無間離邊，分二支說。

一者，於明相現分中，一切無間、離邊之顯現皆如幻。

---

46 西藏覺囊派（Jo nang pa）的他空見，即謂諸法「真性」自體不空；外加於「真性」上的污染則空，故稱之為「他空」。所以他們提出三種空性概念：無物空性；有物空性；勝義空性。一切虛構的事物，如方位、時間、大小等，只是抽象概念，故具「無物空性」；一切因緣所生法，有因果力用，故具「有物空性」；至於「勝義空性」，則「勝義」本身不空，所空者為對「勝義」的執着與虛妄分別，故「勝義」即為恆常不變之真性。

上來說法，參考劉立千老居士《藏傳佛教覺囊派》一文。劉老所引用的資料則為《藏文文選》、《知識總匯》及多羅那他《他空精義》、《他空莊嚴》等。

覺囊派認為唯識學者是誤解了彌勒、無著所傳的教法，如多羅那他《中觀他空思想要論》云——

> 大中觀派，在藏地指執持他空中觀者，即隨順彌勒菩薩論典，及無著、世親論師釋論的學者。

又云——

> 印度出現了類似他空中觀的唯識宗，西藏許多人有所誤解。

由於誤解，所以便不瞭解「圓成實性」是他空，亦即不瞭解「圓成實性」為「勝義空」的理趣，是故便不知「勝義」不空、而其外加一切法則空這個要旨。

漢土信奉《大乘起信論》的宗派，亦為「他空」，但卻與覺囊派有別。他們依《起信》立「一心二門」，即「心真如門」、「心生滅門」，前者不空，後者則自性空，所以便不牽涉到對「圓成實性」的評論。

此如隋慧遠《大乘義章》卷三云——

> 三種自性，亦出《楞伽》。言自性者，諸法自體故為自性，此猶是立法之異名，然性體不同，離分為三。
>
> 一者妄想；二者緣起，後翻經中名為因緣；三者為成，後翻經中名第一義。
>
> 三中前二是生死法，後一涅槃。
>
> （依隋慧遠撰，大正・四十四，no. 1851，頁523b。）

此即於「圓成實性」（成）未作別說。

何以他空派須說「三性」？此則因為他們須用遍計執、依他起、圓成實三性，來作為應該空甚麼、不應該空甚麼的標準。

甯瑪派則不同，一切法本體皆空，是故便無「勝義」以外的他空，由是即不須用三性來作判別標準。對於「法界」，二者便亦有不同的概念。甯瑪派說法界為本始空淨，然而卻有明相自顯現，有佛的功德事業自展佈，如大日雖空，卻有光華自顯現，有熱力自展佈。而覺囊派則認為法界既是一切法所依二者，於自性空中，自性之唯一、周遍非諦實有。[47]

說明相現分中，一切顯現如幻。本論唯就行人之凡夫心識而言，謂明相於五識中生起，即是在虛空中生起，以五識空故。五識以妄念為緣，顯現如幻明相，故行人所修一切道，無非皆為虛幻瑜伽。[48]

之處，此所依之處即不可空，否則便成斷滅（見《了義海論》，不贅引）。

因此，甯瑪派與唯識宗無諍，而他空見則與唯識有諍。平實而言，見地不同實與修持有關。《起信》以如來藏諦實，而「阿賴耶識」則空；覺囊派以如來藏諦實，同《起信》，但卻以「阿賴耶」為空，故空的層次較深。然二者都不能如唯識家以「轉識成智」為修道的立場。

甯瑪派說九乘次第。故凡夫修道，先修事相，即有層次不同的「生起次第」，由是亦修轉識成智，唯不以之為了義。

上來已略說心識與法身（法界、圓成實性）之諸宗差別。

47 此二，為行持之所依。行持者，持心之行相。修「妥噶」行人，下座後亦持光明，此須知所持無非虛幻，不可着境；修「且卻」行人，下座後亦須持「八不」，如是即能保任證量而不生法執。

復次須知，甯瑪派說「光明」，非但謂其能見「本來面目」，實從五大之光明入手而修，故光明雖空幻卻帶色法。此所以修光明須知如幻，否則即墮色法邊。又須知「大圓滿」說心，謂心體空而心性（相）有，因有心性然後始能自顯種種明相，然以心體本空故，明相即具空性。故說非實有。此如《大般涅槃經》卷第四云 ——

> 云何如來為常住法不變易耶？迦葉，若有作如是難者，名為邪難。迦葉，汝亦不應作是憶想，謂如來性是滅盡也。
>
> （依北涼曇無讖譯，大正・十二，no. 374，頁387c。）

說「如來為常住法」，說「如來性」非滅盡，即體空而性有。由是即知，說本始基法身如來藏為常，實即「如來為常住法」之意，不宜謂其為開引外道而作之方便說。

48 此說破一切修道之執，且示行持之道。龍青巴尊者於《大圓滿虛幻休息妙車疏・如意引義》中云 ——

> 敬禮佛法無垢幻　演說諸法幻趣義
> 為行持故而述作　上師要門經續意

復次，上論又云 ——

> 諸法不生平等性　智慧虛幻無二境
> 心性自生本初王　不生不別以敬禮

尊者自釋云 ——

> 自證智菩提心如來藏者，為輪迴涅槃諸法之法界，即至上之本源。

此所謂「至上本源」，即本始基。本始基法身即如來藏，故說為法界。

或難言：若所修為虛幻，此虛幻如何能起力用？其所謂力用亦虛幻耶？

答云：此如明相。明相雖虛幻，唯在虛幻世間其力用則仍真實。故始說為「有煩惱，有煩惱染心」（《勝鬘》）。虛幻明相即是煩惱，執持明相作虛妄分別之心即煩惱染心，既有染心，於此污染世間，一切煩惱虛幻即便真實，故其力用亦真實。修道行人必為凡夫，故所修持行持者雖為虛幻瑜伽，而瑜伽之力則仍真實，由是修行始功不唐捐。所以由識起修，並無過失，不必求心識不起，亦不必求強制妄念。[49]

復次，說自性空中，自性之唯一、周遍非諦實有。此以離八邊際為說。即不生不滅、不常不斷、不來不去、不一不異。[50] 以離八邊故，說如來藏為三解脫門。即空解脫門、無

---

[49] 敦煌縣博物館藏《南宗頓教最上大乘摩訶般若波羅蜜經六祖慧能大師於韶州大梵寺施法壇經》云——

> 何名無念？
>
> 無念法者，見一切法，不着一切法；遍一切處，不着一切處。常淨自性，使六賊從六門走出，於六塵中不離不染，來去自由，即是般若三昧，自在解脫，名無念行。
>
> 若百物不思，當令念絕，即是法縛，即名邊見。
>
> 悟無念法者，萬法盡通；悟無念法者，見諸佛境界。悟無念頓法者，至佛位地。

由是足知「無念」絕非心行不起。於虛幻心行相中修行，應生決定，即本論所言之四決定見。

[50] 龍青巴尊者於《虛幻休息妙車疏》中，以「如夢」說不生、「如幻」說不滅；「如眼華」說不來、「如陽燄」說不去；「如谷響」說不常、「如水月」說不斷；「如變化」說不一、「如乾闥婆城」說不異。此即所謂「虛幻八喻」。

「八不」，出龍樹《中論》。甯瑪派傳有「八不」的觀修，此應即由印度阿闍梨傳來。若離觀修以研究「八不」，則將難以明瞭，何以於眾多對法中，獨提出四對對法，若知觀修，則自明其理。如修「如夢三昧」，觀一切顯現如夢中顯現，以體驗諸法明相自顯現，是故即知「不生」；修「四

相解脫門、無願解脫門。此悉見於本論所詮。[51]

唯一，即平等性；離諸邊際，即法性；周遍，即法爾自性（心性）。如來藏具足此三性。證平等性即證其體、證法性即證其相、證法爾自性即證其用。[52]法爾自性空，為空解脫門；離諸邊際，為無相解脫門；唯一平等，為無願解脫門。此中無願解脫門為甚深義，極難證知，亦難為凡夫

幻瑜伽」以體驗淨、不淨境界，由是知如來藏性，是故即知「不滅」。凡此皆須從修持、行持加以體會，然後始能入四重緣起境界以次第離四重緣起，倘但從名相加以研究，架空而談「八不」，則無非為知識層次之認知而已。知識不是證悟、認知不是證量，於讀本論時尤須注意及此，否則必落名相糾纏，而「說食不飽」也。

51 有等教派，以三解脫門中唯「空解脫門」為最勝，此即緣不知三解脫門實成一味，不可分離，故無所謂勝劣。

其所以誤判三解脫門有勝劣，實無非不知如來藏之了義。

如來藏唯一、周遍、離諸邊際，為本始基之法身，即具足三解脫門，是故不可言勝劣。於心性、法性、平等性中，不知平等性者，便每多誤解。

說平等性，如《不增不減經》所云 ——

> 舍利弗，大邪見者，所謂見眾生界增、見眾生界減。
>
> （依元魏菩提流支譯，大正・十六，no. 668，頁466a。）

有增見減見，即視涅槃與輪迴二界非平等，故佛稱之為「大邪見」。

又如《辨法法性論》云 ——

> 無始時來際　無明於真如
> 由虛妄遍計　集藏一切種
> 成現二取因　復起轉識果
> 此中因與果　雖現實無有
> 以虛妄現故　法性即不現
> 若虛妄不現　法性即顯現
> 菩薩依作意　即悟入正智
>
> （依拙《辨法法性論及釋論兩種》，頌51-52。收本叢書系列。下引同。）

此即謂落因果緣起之輪迴界（眾生界）一切法，實與涅槃界法性平等，其差別，僅在於有無虛妄分別。

52 凡夫的「自性」即其「心性」，故龍青巴說「心性自解脫」，此即由法爾自性中自解脫。此詳見龍青巴尊者《三自解脫論》，說心性自解脫、法性自解脫、平等性自解脫。

所了知。[53]

復次，說如來藏須知三義：基、藏、相。

為一切明相所依，故為基；為明相自顯現之因，故為藏；有明相顯現，故為相。[54]知此三義，始能知明相自顯現之理，如是始能修虛幻瑜伽而作行持。[55]

---

53 此如《勝鬘》云 ──

> 勝鬘夫人說是難解之法問於佛時，佛即隨喜，如是如是，自性清淨心而有染污，難可了知。
>
> 有二法難可了知：謂自性清淨心難可了知；彼心為煩惱所染，亦難了知。
>
> （依劉宋求那跋陀羅譯，大正・十二，no. 353，頁222c。）

將此段經文與前引《辨法法性論》合讀，即知所說實為一事，故知無分別智難證。

54 此如《勝鬘》云 ──

> 非如來藏有生死，如來藏者離有為相，如來藏常住不變，是故如來藏，是依、是持、是建立。
>
> （同上，頁222b。）

依，即基義；持，即藏義；建立，即顯現明相義。

D.Seyfort Ruegg 於 "The Meanings of the Term Gotra and the Textual History of the *Ratnagotravibhāga*"（*Bulletin of the School of Oriental and Africa Studies*, University of London, Vol. 39, No. 2（1976): 341-363），一文中謂「藏」為「母巖」（Matrix）之義，此僅明是依、是持，未明建立。

55 此尚可參閱《辨法法性論》及《釋論》。頌云 ──

> 法所顯現者　為輪迴生死
> 法性所顯現　為三乘涅槃（頌3）

此即分別法所顯為輪廻界，法性所顯為涅槃界。故輪涅二界稱為「所相」。論頌又云 ──

> 法能相者謂虛妄遍計　似二顯現及名言顯現（頌4）

復云 ──

> 法性能相謂真如（頌5）

此即謂法之「能相」為虛妄分別識，法性之「能相」為真如。

於虛幻瑜伽中，行者未離虛妄分別，唯若於一切顯現皆不諦實，即不迷亂，非謂須不見輪廻界顯現始不生迷亂也。由是知明相既自顯現，故行持非心行不起，但不諦實而已。不諦實即不落雜染，由是清淨，說為轉依。

六 法爾任運 —— 釋見之四

說任運，有了義、有方便。

了義而言，任運為本始基法身如來藏內自光明之功德。方便而言，則謂諸佛刹土以及本尊眷屬皆為本始基所固有。

故就方便而言，即可將諸佛及刹土依凡夫心識建立，是故說身、智、淨土、越量宮種種。而了義則視一切身、智皆為本始基之法爾任運。[56]

本論說法爾任運，為在世俗層次顯示勝義。即仍建立世俗，然卻於建立中說究竟義。此分為二 ——

一者，法爾功德之建立。

二者，說別別功德如何於證悟之理中圓滿。

前者為世俗建立，後者示究竟義，故二者實不可分離。離則執建立而不知勝義；或視勝義為知識，而不知依建立作

---

[56] 此如《度一切諸佛境界智嚴經》云 ——

如來常住　不生不滅
非心非色　非有非無
如琉璃地　見宮殿影
此影非有　亦復非無
眾生心淨　見如來身
非有非無　亦復如是

（依梁僧伽婆羅等譯，大正・十二，no. 358，頁251a。）

此中謂「眾生心淨，見如來身」，即謂依眾生清淨心建立。此所謂「清淨」，實尚未離虛妄。此如《辨法法性論》云 ——

所取顯現既非有　能取顯現自非有
如是即能善成立　二取現而非為有（頌17）

如是即成立一切涅槃法「無而顯現」之理。既有顯現，即非無；雖有顯現而能取所取皆空，故亦非有，如是說為非有非無。

修證，如是兩種偏離皆不得證「法爾」。[57]

故「大圓滿」所證，實本始基而已。依次第建立而修行，持所證境，次第證至金剛持地，以至無上智地，至無學道即為成佛。[58]

法爾功德之建立。本論依輪廻界之認知，而於世俗層次顯示勝義，說五身、五部、五刹土、五方佛、五空行母之任運。所謂「任運」即顯現之意，不說為「顯現」，無非為欲與輪廻界作分別，此猶凡夫「心識」，而佛則不說「心識」而說之為「智」，名相不同，理趣則一。

---

[57] 證「法爾」為修行道上最高次第之證量。如《廣大明覺自現續》云 ──

> 於法爾境界得決定成就，為第十五地，即金剛持地。
>
> 於本淨境界法爾生起本始智，為第十六地，即無上智地。蓋無他地更高於此。

[58] 此如法吉祥《密主事業善說教授》云 ──

> 無始心性即是佛　心如虛空離生滅
> 諸法清淨平等性　毋尋住此即觀修

此謂由觀修而得證悟之四次第為：安住（心如虛空）、不動（離生滅）、平等、法爾（毋尋）。

《度一切諸佛境界智嚴經》云 ──

> 文殊師利白佛言，世尊，云何得菩提？佛告文殊師利：無根無處，是如來得菩提。
>
> （依梁僧伽婆羅等譯，大正・十二，no. 358，頁252a。）

此云「無根無處」，即是法爾。

上經復云 ──

> 文殊師利，如虛空是菩提、如菩提是諸法、如諸法是一切眾生、如一切眾生是境界、如境界是泥洹（涅槃）。
>
> （同上，頁253a。）

此即說四決定見：離言空性、自生智、離邊顯現、法爾任運 ──「如虛空是菩提」即離言空性；「如菩提是諸法」即自生智；「如諸法是一切眾生」即離邊顯現；「如一切眾生是境界」即法爾任運。

由是應知，顯密經續實同一意趣，皆以法爾為所應證之究竟。

自勝義而言，「身」指法爾智與法爾功德之攝集。此中「法爾」義，即為勝義。[59]隨順眾生，說於本始基中依何義理建立五身，此為世俗。說本始基法爾具足五身，則為勝義。

同理，建立五佛部、五剎土、五方佛、五空行母，皆依世俗，勝義則為本來具足，不待建立。[60]

次說別別功德如何於證悟之理中圓滿。

一切證量，皆由修道而致，所修之道，即別別功德，然則修道之建立如何始為勝義？

---

59 離差別與因緣而安立，故謂之為「法爾」。此如《佛說法身經》云 ——

> 是法身者，純一無二，無漏無為。應當修證諸有為法從無為生，如是真實無淨無染無念無依。

（依宋法賢譯，大正・十七，no. 766，頁699c。）

離諸分別是為純一、離諸相對法是為無二、離諸煩惱是為無漏、離諸因緣是為無為。故說佛身為法爾智與功德之攝集。若非法爾，則有作意。

此如《大乘莊嚴經論》卷第三云 ——

> 意珠及天鼓　自然成自事
> 佛化及佛說　無思亦如是

（依唐波羅頗蜜多羅譯，大正・三十一，no. 1604，頁603b。）

釋云 ——

> 此偈顯示佛事無功用。譬如如意寶珠，雖復無心，自然能作種種變現，如來亦爾，雖無功用心，自然能起種種變化；譬如天鼓，雖復無心，自然能出種種音聲，如來亦爾，雖無功用心，自然能說種種妙法。
>
> （同上。）

如是說如來離諸作意。

60 《文殊師利問法身經》中云 ——

> 文殊問：信諸佛為一佛否？舍利弗言：信。從何所信之？答曰：一法身無有二故。
>
> 文殊問：信諸所有剎土為一剎土否？舍利弗言：信。從何所信？答言：所有盡故。
>
> （依後漢安世高譯，大正・十二，no. 356，頁238c。）

此說諸佛為一佛、諸剎為一剎，即是勝義。故餘建立皆為世俗。

說此分三：一依所修儀軌說；二依名義說；三依九乘次第說。[61]

修習儀軌，首皈依、發心，次獻供、迎請，入正行觀修、誦修，然後回向。此為儀軌之大略，本論依勝義諦，一一說其義理。此即能避免行人但能修止而不能修觀。[62]

---

61 修密乘法，實無非修止觀而已。故須明止觀理趣。

《大乘莊嚴經論》卷第七云 ——

> 止道者，謂奢摩他作意，此作意但緣諸法名；觀道者，謂毘缽舍那作意，此作意但緣諸法義。二俱者，謂二相應作意，此作意能一時緣名義。
>
> （依唐波羅頗蜜多羅譯，大正・三十一，no. 1604，頁624b。）

是謂修止乃緣假名安立而修；修觀則觀其真實義；止觀雙運（二俱）即同時緣名緣義。

62 止為假名安立有，觀為勝義真實空，雙運即是現空雙運。依密乘法規，生起次第可視為止，圓滿次第可視為觀。然此亦非分割為二，於實修時仍重「交替」，一般為止、觀、止、止、觀、雙運。故生起次第中非絕無圓滿次第，圓滿次第中非絕無生起次第。

修止，依儀軌生起次第境界；修觀，由尋伺而至離尋伺而緣法義；修雙運，於有境不即不離、於法義亦不即不離，此於資糧道上說為「色即是空、空即是色；色不異空、空不異色」。如是依四次第而證悟，即安住、不動、平等、法爾四量。故對修密行人而言，於儀軌一切法義皆須依次第通達，否則無論修何次第均淪為事相。

本論說皈依、發心、獻供、迎請等等義理皆為究竟義，讀者須當領會，否則即無從修觀，自更無從修止觀雙運。龍青巴尊者《大圓滿心性休息導引》說「修生圓雙運」云 ——

> 行者修習圓滿次第時　須分顯現以及無顯現
> 無緣收攝生起次第觀　如雲散空即為無顯現
> 若知生起次第即圓滿　其所顯境任運而安住
> 離諸整治即是為顯現
> 初修學者須破生起執　於所顯境勿執之為實
> 已熟學人須破圓滿執　於空相境勿執為證量
> 無論何境均即是顯現　即是生起次第即方便
> 一切認知均應無所執　即是圓滿次第即智慧
> 恆時如是顯現無增減
> 生起次第能除實有執　圓滿次第能除虛幻執
> 若無執實之顯空如幻　此即生圓無二淨自性
>
> （依拙譯，收本叢書系列。下引同。）

如是即明生起、圓滿、雙運之理趣。能如是研讀本論，即生勝解。

本論又立外、內、密等三相「恆逼害」(rudra),以說生起次第。遍世間之虛空為外相恆逼害、自身及其受用為內相恆逼害、我執為密相恆逼害,分別以剎土、壇城及本尊、持本尊慢以作對治,此即生起次第之要義。

於修習儀軌時須如是理解,始為持見地而修,所修始能與見地相應,然後始能令心識得清淨,否則必無從入佛道也。[63]

次依名義說,即建立本乘七種名字,示本乘不共密意。此即:密咒金剛乘;勝義菩提心;大圓滿;唯一明點;光明金剛藏;遍達輪湼;童瓶身。而一切名義,皆以「唯一」作為根本義,「唯一」即盡離四重緣起。[64]

言各別功德證悟之理,則須知九乘次第之功德,故說九乘次第。本論非九乘次第專論,故只略說。[65]

說外三乘 —— 聲聞乘視一切顯現為「補特迦羅」,皆無自性;緣覺乘視一切顯現為緣起所幻化,故無自性;菩薩乘證悟空性,並由是生起大悲,如是攝集智慧與方便。

---

63 如龍青巴尊者《大圓滿虛幻休息》頌云 ——

如心主宰而變化　故知諸眾心慣修

此依劉立千譯。按藏文,其義應為:「於幻相主宰心識時,則知虛幻相無根而清淨」,其理如是。

64 「唯一」即《楞伽》所說佛內自證智境界。然而智境不可說,唯有藉識境而表達,即成一百零八句義。又如敦博本《壇經》云 ——

大師遂喚門人法海、志誠⋯⋯神會。大師言:汝等十弟子近前,汝等不同餘人,吾滅度後,汝各為一方師,吾教汝說法,不失本宗。⋯⋯若有人問法,出語盡雙,皆取對法,來去相因。⋯⋯

故知慧能亦以遣除相對法為本宗法門。此即「大圓滿」識境之「唯一」,然非智境。至於各名涵義,具如本論所詳,不贅。

65 可參考《九乘次第論集 —— 佛家各部見修差別》,收本叢書見部第1種。

說外密三乘 ── 事密以禁戒行啟發本覺；行密於成就法中圓滿自心性；瑜伽密於壇城中得勝義基界加持。

說內密三乘 ── 大瑜伽視一切法本來清淨；無比瑜伽視一切法為佛父佛母二壇城之雙運，即本然如是與智慧法爾呈現；大圓滿以如來藏為離中離邊之光明基界，以本始基之相為法爾任運之明相。[66]

上來已依修習儀軌之勝義、自宗名義及九乘次第，說別別功德於證悟之理中如何圓滿。

如是說四決定見竟。

七　釋修持

此說大圓滿道。

大圓滿口訣部以「大圓滿」即輪廻涅槃之無上共道，故自本始基而言，一切唯是顯現，無所謂輪廻與涅槃的分別。此法爾顯現，覺則證為自然智，迷則執為虛妄分別心識。

復次須知，輪廻涅槃與「道」，三者於本始基中圓滿

66　如是略說九乘，皆為要義。

此中最精要者，厥為如來藏之了義。大圓滿之「心部」、「界部」、「口訣部」實亦據此而有差別。

「心部」所求證者為如來藏之本體，即本來空淨之心性，此即心性之自然智。

「界部」所證者為本始基明相，於法性中自生起，故法性即所求證之自然智。

「口訣部」所證為如來藏的平等性，即輪廻涅槃二界無分別之自然智。

「心部」若執如來藏本體不空，即落他空見；「界部」若執法性不空，亦落他空見。然持他空見者必無法視輪廻涅槃二界無差別，故唯「口訣部」行人不易偏差墮入「他空」。

具足，非待外加因素始能成立。此即為住法性中無修無證之理。蓋必須無修無證，始能證平等性。

更須知者為「真空妙有」之中道。口訣部不同意視涅槃界之真如為有、視輪廻界之萬法為空，其所謂「真空妙有」，須先從「非空非有」說起。「非空」，所非者為虛無之空；「非有」，所非者為自性實有。故「非空」之外即是真空、「非有」之外即是妙有。前者即是法性，後者即是自然智法爾所顯明相。[67]

以本自具足圓滿，故行人唯「自解脫」，所修一切道，

---

[67] 此如《文殊師利所說不思議佛境界經》卷上云 ——

> 文殊師利菩薩言：世尊，佛境界自性，即是諸煩惱自性。世尊，若佛境界自性異諸煩惱自性者，如來則非平等正覺，以不異故，於一切法平等正覺，說名如來。

此即平等性理趣，於法性中，無不平等，故菩薩住法性中須無修無證而成平等正覺。視一切法為自顯現，乃是深義，必唯如此，始能住世間而不為世法所染。如同上經云 ——

> 〔須菩提〕又問文殊師利菩薩言：大士，何等菩薩能行此行？文殊師利菩薩言：大德，若菩薩示行於世而不為世法所染；現同世間不於諸法起見；雖為斷一切眾生煩惱，勤行精進而入於法界不見盡相；雖不住有為亦不得無為；雖處生死如遊園觀；本願未滿故，不求速證無上涅槃；雖深知無我，而恆化眾生；雖觀諸法自性猶如虛空，而勤修功德淨佛國土；雖入於法界見法平等，而為莊嚴佛身口意業故，不捨精進。若諸菩薩，具如是行乃能行耳。
>
> （依唐菩提流志譯，大正·十二，no. 034，頁108b。）

此即菩薩不取正覺而恆化度眾生成佛之菩薩行，以視一切法自顯現，始能「不於諸法起見」，然後始能優遊於生死、優遊於證與未證之間。

「大圓滿」說三無分別智 —— 覺空無別，故體空而有覺；明空無別，故體空而能明；現空無別，故體空而可現。若加判別，則「覺空」為體；「明空」為相；「現空」為用。若只求證覺，但入法身；若只持光明，但入報身；若只證自顯現，但入化身，必須三無分別智具足，然後始三身具足而成佛。

此三無分別智，因「現」，故有輪廻界自顯現；因「明」，故有涅槃界自顯現；因「覺」，故有佛道自具足。由是說輪廻、涅槃與道皆於本始基中自具足圓滿。

無非為「自解脫」鋪路，故一切所行道皆無非「大圓滿前行」。

本論云：「於此廣大本始體性基中，由當下自悟而得之自在，乃離依於所緣之修。」所謂「離依於所緣之修」，即離一切曾修之前行法，如是無修無證。唯此時行者必須能住法性中始堪言此境界。其身口意已超越凡夫心識，然後始能無作意、無整治而得自在。[68]

甯瑪派說「自解脫」，譬之為如水本流。水因寒風所吹而成冰，此「冰」即是由自我執着而起之輪迴相，消融虛妄分別，冰復成水，此即是「自解脫」。[69]

---

68 此即如《壇經》所云──

> 識自心內善知識，即得解脫。

然而此卻非不須修道，即能「識自心內善知識」。故《壇經》又云──

> 汝若不得自悟，當起般若觀照，剎那間妄念俱滅，即是自真正善知識。

故此「般若觀照」亦須藉修道始能成就，甯瑪派九乘次第即為此而設，若以為「無念」即是「般若觀照」，則必落斷滅邊。此如《壇經》所云──

> 若百物不思，當令念絕，即是法縛，即名邊見。

69 此即《壇經》所云──

> 能除執心，通達無礙。心修此行，即與《般若波羅密經》本無差別。說「能除執心，通達無礙」，此即是自在，即是解脫。

同樣說如來藏的「他空見」則不同，彼說解脫，認為無論「世俗諦」或「勝義諦」，皆須從有無二邊解脫。覺囊派的多羅那他尊者在《中觀他空見要論》中，對此有詳細的說明，茲撮要如下。

根據《辨中邊論》的偈頌──

> 虛妄分別有（有）　於此二都無（無）
> 此中唯有空　　　　於彼亦有此（有）
> 故說一切法　　　　非空非不空
> 有無及有故　　　　是則契中道

（依唐玄奘譯，大正．三十一，no. 1600，頁464b。）

此謂由虛妄分別而建立為有，其建立，能取與所取皆非諦實。虛妄分別唯是空性，但在空性上卻可作建立，由是說一切法非空、非不空，以其具足「有」、「無」及「有」故。此即契合中道的義理。

因此覺囊派認為，自世俗諦而言，應該從有無二邊（常斷二邊）作解脫。即是：由於世俗諦有「遍計所執」，是故須從無邊（斷邊）解脫，然後始能離「遍計所執」；由於能執所執雖無而有所建立，是故須從有邊（常邊）解脫，然後始能離增益（建立）。

自勝義諦而言，亦應該從二邊解脫。識（法）非清淨，故應從有邊解脫；法性則從本以來恆常無變易，故應從無邊解脫。如是，始能離一切分別識而證常恆諦實的法性（智）。

是故覺囊派的修道，便是剝除一切垢障，令常恆無變易且諦實的法性顯露。除障是從有邊解脫；證真實法性則是從無邊解脫。他們認為，如是始為「非空非不空」。因此認為彌勒、無著、世親，都是說他空了義大中觀的聖者，而唯識學派則誤解了他們的法義。

甯瑪派的「自解脫」則不同，因虛妄分別而有明相「自顯現」，就在顯現之中除去虛妄分別的能執所執，便自然解脫。所以修道便不是除去覆蓋於真如法性上面的污染垢障，而是令心識能於虛妄分別的境界中，離一切虛妄分別，由是證自在的解脫境界。所以甯瑪派既不說從有無二邊解脫，便不須建立一個恆常、有的本體，來作為行者從無邊解脫的依據。

這樣亦非陷入斷邊，以本始基的自顯現即是法性的功德事業，功德事業則為恆常，是故不同虛無。

我們怎樣去說水的「體」呢？若云：水流動、濕，是兩個氫原子和一個氧原子的聚合體……。如是所云，其實無非都只說着水的「性」，並未觸及它的本體。照甯瑪派的觀點，這樣來認識「體」與「性」，就已經不落常斷、有無二邊。因為說來說去都說不着水的本體，那就等於認識了水的體性為空；可是我們卻同時認識它的「功德」（流動性、濕性等），甚至可以由其「功德」來作「事業」（利用其流動性來發電、利用其濕性來種植），因此便不能說，因為我們不認知水的究竟體性，對於水的證知即陷斷邊（虛無）。

同理，說法界體性空、真如空體、如來藏非諦實、法身空性，如是等等，並不等於說其為虛無，因為我們認知其遍輪廻涅槃自顯現的功德與事業。此如《大乘莊嚴經論》卷第三云——

> 無漏界甚深　相處業三種
> 諸佛如是說　譬如染畫空
>
> （依唐波羅頗蜜多羅譯，大正・三十一，no. 1604，頁604b。）

《釋論》云——

> 此偈重顯前甚深義。
>
> 「無漏界甚深相處業三種」者，此無漏界，世尊略說三種甚深：一者相甚深；二者處甚深；三者業甚深。
>
> 相甚深有四種：一清淨相、二大我相、三無記相、四解脫相。如其次第。
>
> ……處甚深一種，謂一多不住故。
>
> ……業甚深有八種：一寶依止業、二成熟眾生業、三到究竟業、四

八　釋行持

說「大圓滿」行持，實說行者心之行相。本論說此分三——

一者，指出見行顛倒之謬誤。

二者，分別道上之岐路。

三者，指示正行持。

見行顛倒，即於見地上雖得輪迴涅槃一切法為本始基自顯現之決定，唯於行持上則仍作輪涅分別、善惡業分別，此實仍執着於補特迦羅我及我所，實未徹空性，仍墮阿賴耶識邊而作虛妄分別。

說正法業、五化所作業、六無分別業、七智不作業、八解脫智業。……

「譬如染畫空」者，此無漏界無有戲論，譬如虛空，是故甚深。如是甚深差別說者，譬如染於虛空、畫於虛空。

（同上，頁604b-c。）

復次偈云——

一切無別故　得如清淨故
故說諸眾生　名為如來藏

（同上，頁604c。）

《釋論》云——

此偈顯示法界是如來藏。

「一切無別故」者，一切眾生、一切諸佛等無差別，故名為如。「得如清淨故」者，得清淨「如」以為自性，故名如來。以是義故，可說一切眾生名為如來藏。〔上來〕已說無漏界甚深。

（同上。）

如是說無漏界，但說相、處、業，即只說其性而非說其體，以體空故。如是說，譬如於虛空中「染」、「畫」，由是即知無著論師之意趣，實非他空，唯同甯瑪派說於體空中有「自顯現」。所謂「明相」、所謂「自顯現」，即「染」、即「畫」。

是故修持的意趣，他空非為究竟，僅為道次第中一次第的見地，而究竟道則為「自解脫」。

本論云：「若只執身語意善業行持，視為深義，則為凌駕於正見與正修之上。若於輪迴中，將此生只專注於積集福德，則有如為黃金鎖鍊所縛。」此即說行持須無執着無分別。[70]

復有既得決定見直指，卻云得此直指已足，仍執着於輪迴法，此即仍以貪瞋為基而作行持，於是輪迴之能作所作，即其行相。[71]

---

[70] 此如《壇經》云 ——

> 使君問：「弟子見說達摩大師代梁武帝，帝問達摩：朕一生已來造寺、布施、供養，有功德否？達摩答言：並無功德。武帝惆悵，遂遣達摩出境。未審此言，請和尚說。」
>
> 六祖言：「實無功德，使君勿疑。達摩大師言武帝着邪道，不識正法。」
>
> 使君問：「何以無功德？」
>
> 和尚言：「造寺、布施、供養，只是修福，不可將福以為功德。功德在法身，非在於福田。自法性有功德，見性是功，平直是德，內見佛性，外行恭敬。若輕一切人，吾我不斷，即自無功德。自性虛妄，法身無功德。念念行平等直心，德即不輕。常行於敬，自修身即功，自修心即德。功德自心作，福與功德別。武帝不識正理，非祖大師有過。」

慧能六祖之言，略同本論。「功德在法身」，故「自法性有功德」。所謂「見性是功」，即謂證一切法於法性中自顯現；所謂「平直是德」，即謂一切有情於法性中平等。是故於一切善業，須三輪體空而作，如是始得離虛妄分別，而所作者非唯是福田。

此如《金剛經論釋》卷上云 ——

> 攝伏在三輪　於相心除遣
> 後後諸疑惑　隨生皆悉除
>
> 經云：菩薩如是應行布施，乃至相想亦不着。此顯所捨之物，及所施眾生，並能施者，於此三處除着想心。

（依唐義淨譯，大正・二十五，no. 1513，頁875c。）

[71] 此即禪宗所云：「猶有這個在」。

然而此卻非說得決定見即不須精進。此如《佛說未曾有正法經》卷一云 ——

> 是時大眾咸作是言：佛一切智甚深無量廣大無邊，不可思議無有比倫，最上無勝不可了知，云何菩薩被精進鎧，而能趣證阿耨多羅三藐三菩提耶？
>
> 〔於是會上各大菩薩分別作答。〕
>
> 蓮華吉祥生菩薩言：若諸菩薩着世間法，即不能了知佛一切智，

分別岐路，即分別覺受與障礙之岐路。

行者生覺受時，須無所執着，即心不耽着於一境界，否則即入岐路。本論云：若耽着於「安閒」，即引生於欲界天；若耽着於「光明」，即引生於色界天；若耽着於「無念」，即引生於四空天；若耽着於住「空性」中，即引生於無想天。凡此四者，皆離解脫道，仍墮輪迴，故謂之為岐路。[72]

「寂靜涅槃」為如來法印，然「寂靜」固非謂散逸，亦非謂唯住於空性境界，令心行不起，若如是則必不得涅槃，故「寂靜涅槃」實為一事，非是「寂靜」與「涅槃」。

「涅槃」原義為吹滅煩惱火，煩惱滅即為「寂靜」，故不

〔唯〕若於世間法無所樂者，無利無衰無毀無譽，無稱無譏無苦無樂，即於諸法無增無減，是謂菩薩出離世間，即能趣證佛一切智。

……

平等心轉法輪菩薩言：若有菩薩行菩薩道，當於諸法不起諸相及分別心，即不為魔之所惱害，常得諸法之所愛念，諸天龍神常所衛護，所作善根真實無失。若菩薩於法生有相心起分別想，即為魔境界為魔所動，諸佛不能攝受，諸天不能衛護。若堅固不動、無相無分別者，是菩薩當轉無上法輪，普為一切。何以故？菩薩了諸法無起無作故，以無相心證佛菩提，乃至轉妙法輪亦復如是。此即名為菩薩摩訶薩被精進鎧，而能趣證佛一切智。

……

妙高王菩薩言：諸正士應知，佛一切智，未易可知，難可度量，豈能趣證。所以者何？若諸菩薩超過一切世間眾生心行，超過一切世間眾生見聞，乃至信樂知識悉能超過世間眾生者，而能於布施、持戒、忍辱、精進、禪定、智慧，所有福聚踰於須彌者，是菩薩即能趣證佛一切智。

（依宋法天譯，大正．十五，no. 628，頁428c-430a。）

不起諸相、不起分別、着世法而不為世法所染、超越眾生心行，如是行持，即為精進。

72 由是甯瑪派須修「現空無別」、「明空無別」、「覺空無別」，始不因所「現」而入安閑；因見「明」而執光明；因求「覺」而墮空邊。此種種「無別」與「樂空雙運」、「明空雙運」等「雙運」有法義上的區別，二者不宜混為一談。

能但求「寂靜」，而離涅槃，亦不能希求「涅槃」而離寂靜。[73]

然則，如何始為正行相耶？

---

73 關於修持與行持，可參《瑜伽師地論》。彌勒菩薩於論中說「三摩呬多地」云 ——

> 云何總標，謂此地中略有四種：一者靜慮、二者解脫、三者等持、四者等至。
>
> （依唐玄奘譯，大正・三十，no. 1579，頁328c。）

其說「靜慮」，即有「從離生有尋有伺靜慮」、「從定生無尋無伺靜慮」、「離喜靜慮」、「捨念清淨靜慮」等四。只舉此一隅，已足知非唯住空性即是修行。蓋行人於修行時心理因素複雜，強加抑制，以不思不想為「空」，則必生禪病，而空則仍未能證得。

世親論師於《辨法法性論》之《釋論》中云 ——

> 其「性相遍知者」，謂「其自相離五：謂離無作意、離超越與〔離〕寂、離說為本性、離計無分別」。
>
> 若謂無分別智，為由心於法不起作意而成其無分別性，此不應道理。蓋若無分別智由無作意於分別而成，則愚夫嬰孩等智，應亦成無分別智。因彼等〔心智〕正位於無分別故。

由是即知唯求深定如癡呆，無思憶知覺，非如理行相。

《釋論》又云 ——

> 若以完全超越分別為自性，亦不應道理。蓋若以完全超越為性，則彼修入第二靜慮等引之行人，亦當證得〔無分別智〕，以其〔於等引中〕無尋伺故。

由是即知但求「無尋無伺」，非如理行相。由此而生之「樂」覺受，如輕安等，非究竟證量。

《釋論》又云 ——

> 若以分別寂息為自性，亦不應道理。蓋若無分別智由寂息一切分別而得，則入於沉睡、麻醉及昏厥時，亦當證此，以其正處於無分別分位故。

由是即知但求「寂靜」如睡，非如理行相。

《釋論》又云 ——

> 若以無分別智之本性為無分別，則色等諸境亦應成為無分別〔智〕，以其無有生命，〔本性〕自無分別。

由是即知耽於所持境界，如「光明」等，非如理行相。

《釋論》又云 ——

> 若以無分別相以計量分別，此亦不應道理。蓋若作意謂「如是為無分別」，智必不生。以此作意已是分別，表現為無分別者，實已落於分別性相。

由是知持作意以作「無分別」，以為行相，非如理行相。此即住於決定思維心不可建立為實有之見地中，且執此為「空性」之行相。

本論於指示其他正行中，說三要訣：承事上師、遵行誓句、將此生融於佛法。[74]

九　釋現得果位

修行道上現得之果位，即行人之證量。本論說此分二──

一者，依行者現得覺受，說其證量為何。

二者，細作辨別，令行者認識證量之疑似。

說次第覺受，其初僅為了知，此實不足以言證量，蓋此無非為知識及認知層次，而認知則非為證量。故佛言「說食不飽」。若行者因修持力已能得定，其證量亦無非為行人之自內信意，離證覺尚極遙遠。若明相能於法性中消融，行者已超越明相及心識之微細污染，由是得自在，此始為解脫之證量。[75]

說辨別，分四：一心與本覺；二意與般若；三識與智；四阿賴耶與法身。

---

74 此為於「法」以外之行相。關於承事上師，可參閱《事師法五十頌》。餘者不待贅說。

75 《辨法法性論》云──

> 證達彼之體性者　謂於真如離垢時
> 一切行相唯真如　究竟轉依圓成實（頌24）

《釋論》云──

> 此說隨憶念後無間而證入彼〔法性〕體性，頌言：「證達彼之體性者，謂於真如離垢時，一切行相唯真如」。此即謂藉修道而令餘污垢斷除後，真如離垢。由究竟道，一切行相唯顯現真如。由遠離一切污垢故，成為唯真如性。如是唯此為境，即「證達彼之體性」。

此即言行者之證量為「證達彼之體性」。持他空見者誤以為此即究意，故執真如為諦實，殊不知此但言「悟入」法性而已。住法性中而生證量，與已證法性登解脫地，非是一事，須知「證法性」必同時證無分別智，而「住法性」則尚未證智也。故論中尚說悟入無分別智。

辨心與本覺。

心識實相，即本覺之無明。無明起力用，於是有妄念之集滅。由是知妄念滅之執着，亦是無明。此無明若成為覺受，引為究竟證量，即墮法執邊，蓋所執境界，仍為心識行相也。[76]

---

[76] 《金剛經》之三句義，即為破此而建立。故曰「凡所有相，皆是虛妄」，蓋行者若執「虛妄滅」之證量，此「虛妄滅」便是一相，實亦虛妄。

了義大中觀說「離邊亦離中」，故對妄念之集滅皆不生執着，知其但為本覺無明之力用，始證心識實相如是。《大乘莊嚴經論》卷第三云 ——

譬如鐵熱息　譬如眼翳除
心智息亦爾　不說有無體

（依唐波羅頗蜜多羅譯，大正・三十一，no. 1604，頁603c。）

《釋論》云 ——

此偈顯示法界解脫相，「譬如鐵熱息，譬如眼翳除」者。

如是二物，熱息翳除可說非體非非體。何以故？非體者，由熱翳無相故；非非體者，由息相有體故。

「心智息亦爾，不說有無體」。諸佛心智以貪為熱、以無明為翳，彼二若息，亦說非體非非體。何以故？非體者，由貪及無明息故；非非體者，由心慧解脫有故，是名法界解脫相。

（同上，頁603c-604a。）

持他空見者，以「心慧解脫有」即是真如諦實，然彌勒菩薩此處所說實為「心智」之「法界解脫相」。凡夫說為「心識」，於諸佛即說為「心智」（即未解脫時說為「心識」，既解脫時說為「心智」），心識虛妄，心智則真實，唯無論虛妄真實均為心之境界，是故名之為「相」，非說可諦實，若於修行時執着於「心智」境，此執着即已如眼翳。

復次須知，說「非體非非體」則已說中道，不宜但執一邊，將非非體諦實，僅視非體為空，如是即落二邊見。

然於修行道上，必須經歷「虛妄滅」此一境界，此境界即是「心慧解脫相」。故持他空見以修道，亦非邪見，僅未為究竟而已。其過失，亦一如執「中道」之「中」，一但執「中」，此「中」便亦落邊。

本論以「現證本始基」為「本覺實相」，蓋以本始基超越輪涅二界，離分別而平等，如是即離「虛妄集」與「虛妄滅」之執着，離二邊執即是中道，故不須諦實「中」為何物、何義、何體、何性，此即不可思議境界。故《辨法法性論》亦云 ——

法性能相謂真如　離諸能取與所取
離諸能詮與所詮　都離差別即真如（頌5）

是故說究竟證量，須知心識與本覺之區別，一有能取所取、能詮所詮，即非真如，即非本覺。

辨意與般若。

現證明相者為意；明相浮現之處所為意識。與之相當者，則為般若之根與道，故行人易誤認意之境界為般若證量。般若之根即廣大空性，般若之道即直指赤裸覺性。

何以本論須作分別，則以於修行道上，易執明相為空性，如於虛空中見金剛鍊，甚至見佛現前，見光明顯現，此無非只是意識中有明相浮現，與直指赤裸覺性大異其趣。[77]

辨識與智。

分別識為妙欲生起無間顯現之處所，是為識之粗相；業風即尋思分別，由此分別遂認種種顯現為實有，是為識之細

---

[77] 《辨法法性論》謂依六種悟入無分別智，《釋論》云 ——

> 轉依之所依，為無分別智。以由此所依而成就轉依故。如何悟入此耶？論言：「所依悟入者，為無分別智，此由彼六種，悟無分別智」。此六者為：所緣、離相、正加行、能相、功德、遍智。

此中「能相悟入」，謂有三種。論頌云 ——

> 能相之悟入　當知由三者
> 謂住於法性　以其住無二
> 離言法性住
> 謂由無顯現　以二取名言
> 根境識器界　悉無顯現故
> 無分別智相　如經言有六
> 無分別無示　無住無顯現
> 無有了別識　亦復無依處
> 謂由顯現悟　諸法如虛空
> 一切行相現　猶如幻化等（頌36-40）

此謂安住法性悟入、無顯現悟入、顯現悟入。

《釋論》說第三種云 ——

> 三「謂由顯現悟」。以「諸法如虛空」故，即謂一切客境相都已遮撥。且「一切行相現，猶如幻化等」，故知其顯現無有真實。說「等」者，即謂如陽燄、如夢之類。

由是知意識上浮現之顯現為證量，絕非般若道上之證量。若安住法性，則無二且離言詮，及得六種無顯現悟入，與顯現悟入，具如論頌及《釋論》所言。

相。此二分雙運，由是建立輪廻界。

智亦有二分。了知如來藏法性本來如是之實相，是為總相智；遍知遍證一切法本來如是，是為別相智。此二分雙運，即法爾清淨之平等性智。

辨別識與智者，為行人縱使能離妙欲所生之無間顯現，但仍有業風細相，是未離尋思分別，故即使能入四禪境界，以至入非想非非想定，實未證智。[78]

辨阿賴耶與法身。

此二，實難以言詮，蓋皆非凡夫心識所能理解。解不可解，且各據一己之修證作解，由是即有偏重，諸宗差別亦由是成立。

印度佛學，大別可分為龍樹一系與彌勒一系，前者說為「中觀」，後者說為「瑜伽行」[79]，二系修習皆可稱為「瑜伽行」。為分別故，隨順《般若》之龍樹系，可名為「經部行中

---

78 佛所證為無分別智，即平等性智。前已依《辨法法性論》及世親《釋論》略說六種悟入無分別智中之「能相悟入」，餘五種已詳於論頌及釋論，今不具引。然六種之中，「斷所相」悟入與識智辨別關係最大，故應引《釋論》略言之。《釋論》云 ——

> 此說「離相悟入由四種」，即謂離所對治，此即永離貪等相；離能對治，此即永斷不愛等相；離真如相，此即斷執持「此為真如」等作意相；離證智相，此即斷除諸地修習所證知相。
>
> 「如其次第永斷離，粗中細及長隨逐」。所對治相為粗，以其為煩惱境界，且易認識故；能對治相為中，以其為所對治之能對治故；真如相為細，以其為除真如外一切法之對治故；證智相為修道果，故知為長時隨逐。

此即謂行者須無時不斷「證知法所相」，故於無學道前一切證知，皆不應有執，否則即違「斷所相」悟入無分別智。

79 彌勒所傳非獨唯識，由《辨中邊論》及《辨法法性論》即可知。拙有專論討論，收《如來藏論集》。

觀」；隨順「彌勒瑜伽行」者，可名為「瑜伽行中觀」。名「中觀」，即是修習，以觀修中道故。然二系之中，又於各層面分成派別，此間開合，亦易令人目迷五色，且諍論紛起，難以抉擇，究其本源，即對「阿賴耶」與「法身」理解不同而已。

甯瑪派定義「阿賴耶」為無記業流轉境界，此即一切輪迴之基；「法身」為明相於輪湼平等清淨中自顯現之境界，故周遍輪湼二界。由是甯瑪派修道，證「阿賴耶」空性尚未為究竟，必須證平等性始能悟入「法身」，此見地實與彌勒一系同調，蓋彌勒一系非只説唯識，實以法相為基、唯識為道、如來藏為果。

甯瑪派稱自宗見地為「了義大中觀」，然因説如來藏，故於漢土遂招誤解，彼等以為如來藏思想在印度從來不成體系，無非佛為開導外道而作之方便説，於是乎便淺視甯瑪派之説，甚至據甯瑪派所修「瑜伽行中觀」之名，認為此無非欲調和「中觀」與「唯識」二派，由是甯瑪派對「阿賴耶」與「法身」之義遂不得顯。名相糾纏，法義遂閉。

本論作此辨別，即為防行者以證阿賴耶空性為究竟，如是則必不能證平等性入法身，實未究竟。[80]

---

[80] 此如《文殊師利所説不思議佛境界經》卷上云——

> 文殊師利菩薩言：世尊，一切凡夫於空、無相、無願法中起貪瞋癡。是故一切凡夫起貪瞋癡處，即是如來所住平等法。
>
> 佛言：童子，空豈是有法，而言於中有貪瞋癡？（唯識家不認為「無」、「無所有」、「空」是「法」。而了義大中觀則視之不外亦是「法」而已。此中有次第上的差別。此處佛之詰問，同唯識義；文殊所答，顯大中觀義。）
>
> 文殊師利菩薩言：世尊，空是有，是故貪瞋癡亦是有。
>
> 佛言：童子，空云何有？貪瞋癡復云何有？

如是就修行次第，説證量上諸辨別竟。

十 總説

本論為大圓滿口訣部心髓派的論著，論述「且卻」（khregs chod）的見、修、行、果。

「且卻」為心髓派兩大法門之一，另一是以修光明為主的「妥噶」。修習「且卻」目的為了悟自心體性，修習「妥噶」，目的則為能見自心本相。體性難知，比較起來，本相則易見，故「妥噶」的修習亦可視為「且卻」的前行。因而本論所言，實為心中心的精髓。

本論從來認為難讀。八十年代中，鄔金甯波車（sPrul sku O rgyen rin po che）來港，於敦珠法王為筆者授記時作事業金剛（羯磨）。授記翌日，鄔金甯波車即語筆者，謂應請法王開示 *sNang sbyang*，即指本論也。由是可見本論之珍重。

法王謂欲了解本論，須先讀彌勒菩薩的《辨法法性論》，及世親論師的《釋論》。然當時《釋論》未有漢譯，《辨法法

文殊師利菩薩言：世尊，空以言說故有，貪瞋癡亦以言說故有。如佛說：「比丘，有無生、無起、無作、無為非諸行法。此無生、無起、無作、無為非諸行法，非不有。若不有者，則於生、起、作、為諸行之法，應無出離。以有，故言出離耳。」此亦如是，若無有空，則於貪瞋癡無有出離，以有空，故說離貪等諸煩惱耳。

佛言：童子，如是如是，如汝所說。貪瞋癡等一切煩惱，莫不皆住於空之中。

文殊師利菩薩復白佛言：世尊，若修行者離貪瞋癡而求如空，當知是人未善修行，不得名為修行之者。何以故？貪瞋癡等一切煩惱即空故。

（依唐菩提流志譯，大正・十二，no. 340，頁108b-c。）

細讀此段經文，即當明甯瑪派意趣。

性論》則雖有法尊法師譯本，讀之殊難了了，故又請法王略說此論與釋論的大意，再縷述本論意旨，然後筆者始略明「且卻」法門。

今亦先談《辨法法性論》。

此論非「唯識家」著作，所談者實為「瑜伽行」。如今有些學者，將「瑜伽行」等同唯識，甚至將唯識學派稱為「瑜伽行派」，實源自日本學者之誤。廣義而言，一切止觀皆可稱為瑜伽行，狹義而言，則專指心識之轉依（āśrayaparivṛtti），即殊勝之止觀。

欲談《辨法法性論》，又須先知「轉依」義。

《成唯識論》以三性說轉依，謂「依他起性」上有「遍計執」，亦有「圓成實」，轉依者，即轉捨「遍計執」，而轉得「圓成實」。同論，又以「唯識真如」說轉依。生死與涅槃皆依於唯識真如，轉，即斷滅依於唯識真如之生死，而得依唯識真如之涅槃。無著論師《大乘莊嚴經論》卷三〈菩提品第十〉，則說十種轉依功德。[81]

上論說「轉依相」，則謂轉依有離有得。永滅煩惱障、智

---

[81] 此十種功德如論云——

何等為十？一者他義轉，謂轉依已，為利他故；二者無上轉，謂轉依已，一切法中而得自在，過二乘轉故；三者不轉轉，謂轉依已，染污諸因不能轉此依，彼依轉故；四者不生轉，謂轉依已，一切染污法畢竟不起故；五者廣大轉，謂轉依已，示現得大菩提及般涅槃故；六者無二轉，謂轉依已，生死涅槃無有二故；七者不住轉，謂轉依已，有為無為俱不住故；八者平等轉，謂轉依已，與聲聞緣覺同解脫煩惱障故；九者殊勝轉，謂轉依已，力無畏等一切佛法無與等故；十者遍授轉，謂轉依已，恆以一切乘而教授故。

（依唐波羅頗蜜多羅譯，大正・三十一，no. 1604，頁603a。）

障二種種子，為「所治遠離」；佛體與最上圓滿白法相應，依轉得二道成就，為「能治成就」。此乃依「能所」而立義。[82]

如是，則轉依之性、相、用（證量）已明。

《辨法法性論》實廣說轉依，故分為三科：一法；二法性；三轉依。所轉者即「法」，所依者即「法性」。

然於說法及法性時，所着重者，為其「能相」（究竟體性），而非其「所相」。此即說「能生起」輪廻法之「能」，及「能生起」遍輪涅一切法之「能」。前者即法，後者即法性。[83]

論中說法及法性，非一非異。

「非一」，謂法性是有，法是無。「非異」，謂法性即由「法無」而顯現。[84]

---

82 二道成就，謂「極清淨出世智道」及「無邊所識境界智道」。如論所標舉。

83 論云 ——

法所顯現者　為輪廻生死
法性所顯現　為三乘涅槃（頌3）

「法能相」的定義如論云 ——

法能相者謂虛妄遍計　似二顯現及名言顯現（頌4）

「法性能相」的定義，亦如論云 ——

法性能相謂真如　離諸能取與所取
離諸能詮與所詮　都離差別即真如（頌5）

84 民初有一場筆墨官司。法尊譯師譯《辨法法性論》發表後，唯識大師歐陽竟無於《法相辭典序》中，斥其譯文違反玄奘三藏法師所譯之《辨中邊論》。奘師所譯，謂「虛妄分別」非實有亦非虛無（如「虛妄分別有，於此二都無」二頌所說），而法尊譯則謂「虛妄分別」為無，故與《辨中邊論》不順。如法尊譯云 ——

如所顯現二及名言虛妄分別是為法相。無而現者，是為虛妄；分別者，謂於一切無義，唯計度耳。

依文義，皆以「無」說虛妄及分別。故讀之難免令人生疑。

其後法尊有駁論，雖引師說言之甚詳，唯讀者仍未能徹解。原來，此實因法尊法師譯筆稍欠細緻，但說「法相」及「相」，故讀者必意會為「法所本論所說「本始基法身如來藏」，即「法性能相」；阿賴耶，即「法能相」。

由「能相」而「所相」，於「法」的範限中，凡夫尚可理解，故如本論所言，因業風而陸續於五毒自性中生起八識聚，如是建立「所相」。唯於「法性」中，此境界則離言語思維，以非眾生界境界故。

凡夫修道，唯於「法所相」起修，自證「法能相」境界，此即生圓二次第修習。於此中所能內自證者，無非為阿賴耶的空性。然而以阿賴耶空故，即可漸轉依而悟入無分別智，此即為大圓滿道。

相」及「所相」，因一般說「相」，皆指「所相」而言也。如說「瓶相」，即指瓶所現之相，不必更說為「瓶所相」。

《辨法法性論》則不然，所說者實為「能相」。故若不標明「能相」但說「相」，則讀者必不知所說者實為「能相」，而仍以為說「所相」也。

由是，依《辨中邊論》之「所相」義，《辨法法性論》說者若亦為「所相」，二者即不相順，此歐陽竟無之所以駁法尊也。倘能分別《辨中邊論》說者為「所相」，《辨法法性論》說者為「能相」，則當知二論相順，以標舉不同故。

今引拙譯〈世親釋論〉，說「法能相」與「法性能相」，即可明大圓滿口訣部之建立。

> 雖輪迴涅槃已區別為法與法性，然實尚未說能相，故法能相尚未知。為此，欲說其能相而有頌言：「法能相者謂虛妄遍計，似二顯現及名言顯現」。似二顯現及名言顯現者，謂顯現為二取及顯現如名言。顯現為具存之二取，即成立能取與所取，如眼與色法之類，且依此而有名言顯現，即假立自性與差別而成立所依之自體，此實為虛妄遍計。
>
> 如是說法能相，即無倒無餘顯「法」義理。
>
> 以其非實有故，頌言：「無而顯現故說為虛妄」。何以故？以法非真實有故。
>
> 至於「遍」及「計」之詞義，則頌言：「計度無境故說為遍計」，以顯現之自性實為無境，此實完全不可建立〔為二取〕；以虛妄分別而有，是即迷亂顯現。
>
> 上來已說「法」竟。

上來所引大段《辨法法性論》及《釋論》，可與本論對讀。

由是可知，但說一切法空實了無益於修行，必須先悟入「法能相」，然後始能體會空性的境界，於是住法性中，求證平等性。故不思不想，乃住法性中時的事，此際若有思、想、尋、伺，則平等性豈能悟入。

禪宗下手即求悟入「法能相」，所謂「見本來面目」者，即此層次，非謂見本來面目即是成佛。甯瑪派依印度所傳，建立九乘次第作修持行持，實亦欲行者能悟入「法能相」而已。

他空派以悟入「法能相」即如來藏離垢，故諦實如來藏，殊不知如來藏一旦諦實，則失轉依義，故行者或誤以為「如來藏本際相應體」境界，即「本始基法身如來藏」，如是於究竟義便隔一層。

是故九乘次第皆無非「大圓滿」前行，正行唯能作「直指教授」。以悟入「法能相」後，如何悟入「法性能相」，已非可言詮。

本論所言，已包含心性、法性、平等性三自解脫的意趣，學者反覆細味，配合次第修持行持，即當知本論法義之深邃。

作此導論，沈吟達半年之久，欲明修道唯「瑜伽行」，實無所謂顯密之別，故不欲引密續論典以證成密乘祖師之說，免讀者誤以本論為一家私言。此意衷誠，若有少份功德，願回向廣大有情，作吉祥緣起。

西元一九九八年歲次戊寅季夏，於圖麟都客寓西齋造此論竟。無畏金剛談錫永記。

翻譯說明

翻譯說明

本論翻譯，所據乃敦珠法王無畏智金剛（bDud 'joms 'Jigs bral ye shes rdo rje, 1904-1987）之修訂本，題為《現證自性大圓滿本來面目教授・無修佛道》（*Rang bzhin rdzogs pa chen po'i rang zhal mngon du byed pa'i gdams pa ma bsgom sangs rgyas bzhugs so*），刊行於 *Rare rDzogs-chen Instructions from the Revelations of bDud-'joms-gliṅ-pa, Produced from authentic manuscripts prepared at the order of H. H. Dudjom Rinpoche*（Thimphu, 1978）：111-177。

此論另有蓮花教證海（Padma lung rtogs rgya mtsho, 1891-1964）整理的版本，題為《現證自性大圓滿本來面目教授・甚深秘密藏》（*Rang bzhin rdzogs pa chen po'i rang zhal mngon du byed pa'i gdams pa zab gsang snying po zhes bya ba bzhugs so*），刊行於 *Three Rare rDzogs chen Texts of the bDud-'joms Tradition*（Thimphu: Kunsang Topgay, 1976）。此有法護的漢譯本，《自性大圓滿本來面目現前教授・深密精華》（台北：大藏文化，2006）。

比較《甚深秘密藏》與《無修佛道》，雖論義相同，但個別文句卻有歧義，而且《甚深秘密藏》列有詳明科判於文內，此為《無修佛道》所無；除此以外，二者之＜序分＞與＜後分＞亦不同。《甚深秘密藏》＜序分＞為十二頌，＜結頌＞則為三十二頌，此皆未見於《無修佛道》，讀者可參考法護譯本頁35及249。

《無修佛道》文中雖未加入科判，敦珠法王卻另為此論造一攝義科判，題為《大圓滿立斷淨治明相攝義科判》（*rDzogs chen khregs chod snang sbyang gi bsdus don sa bcad bzhugs*）；此外，又為《無修佛道》所未錄《甚深秘密藏》之＜序分＞十二頌，造一釋義（'chad pa）。本書亦附有此二論之漢譯，所據版本為 *Collected Works of Dudjom Rinpoche*（《敦珠法王全集》Kalimpong, 1979）第13函，頁579-591及593-599。

科判

《大圓滿立斷淨治明相攝義科判》

敦珠法王 造

許錫恩 譯

皈依上師！

本文《無修佛道》，乃大圓滿中，為體證本淨（ka dag）而修「立斷」之開示。為說明教授次第，以三門釋之：（甲一）造論因由，（甲二）釋文義，（甲三）論後義。

甲一　造論因由（分三）

乙一　說名

乙二　讚禮

乙三　造論所為

甲二　釋文義（分四）

乙一　由見得決定

乙二　實際修持

乙三　行持之利

乙四　現得果位

乙一　由見得決定（分四）

丙一　得一切法皆離言詮空性之決定

丙二　總歸本始基為唯一自生智

丙三　納輪涅於一，無間且離偏及離邊

丙四　頓入本始無整及光明之廣大法爾任運境

丙一　得一切法皆離言詮空性之決定（分二）

丁一　得補特迦羅無我決定

丁二　得法無我決定

丁一　得補特迦羅無我決定（分三）

戊一　得初生假我源頭之決定

戊二　中際所住之處所

戊三　所往最終境

丁二　得法無我決定（分四）

戊一　尋名相所緣之基

戊二　遮撥執一切法似實有

戊三　辨難利與害之隱患

戊四　破希疑之假穴

戊一　尋名相所緣之基（分二）

己一　尋一切法名相所施設之外境，由是得空性決定

己二　指示明相現分，如何自空性中生起而成緣起之展現

戊二　遮撥執一切法似實有（分三）

己一　指示遍入之無為虛空具足七法

己二　指示有為法如何為實性空

己三　斷除何以須知法我空之疑

己一　指示遍入之無為虛空具足七法

己二　指示有為法如何為實性空（分三）
庚一　法如何空
庚二　思維夢境及生死之來去以得決定見
庚三　登決定假有法無非明相之地

己三　斷除何以須知法我空之疑（分三）
庚一　指示執身之過失，實為生起執實見之根本
庚二　斷除對此決定之錯見
庚三　深說般若以明關鍵、證悟之方便

戊三　辨難利與害之隱患（分三）
己一　辨識生起執持利害標幟分別之因
己二　思維外境顯現為利害之自性
己三　指示及讚嘆證悟之重要

己一　辨識生起執持利害標幟分別之因

己二　思維外境顯現為利害之自性（分二）
庚一　思維於來世展現具利或害之善惡行持
庚二　思維於此生展現具利或害之本尊及魔障

庚一　思維於來世展現具利或害之善惡行持（分二）
辛一　思維之正理
辛二　須思維之原因

庚二　思維於此生展現具利或害之本尊及魔障（分二）

辛一　思維之正理

辛二　指示迷亂相即為無間覺受之誤認

己三　指示及讚嘆證悟之重要

戊四　破希疑之假穴（分三）

己一　破尋實有佛道及其淨土之假穴為希求之對境

己二　破尋實有輪迴及其苦樂之假穴為疑懼之對境

己三　指示及讚嘆證悟之重要

己一　破尋實有佛道及其淨土之假穴為希求之對境（分三）

庚一　遮撥以佛道及其淨土為極致之實執

庚二　思維五根及其對境，並遮撥其為實有

庚三　以勝義及究竟辨佛

己二　破尋實有輪迴及其苦樂之假穴為疑懼之對境

己三　指示及讚嘆證悟之重要

丙二　總歸本始基為唯一自生智（分三）

丁一　總歸此本始基之正理

丁二　指示解脫與迷亂如何自此本始基展現

丁三　本章要義略說

丁一　總歸此本始基之正理

丁二　指示解脫與迷亂如何自此本始基展現（分二）

戊一　略說

戊二　廣釋

戊一　略說

戊二　廣釋（分二）

己一　涅槃邊之功德如何為自生本有

己二　輪迴幻相之展現如何驟然流布

己一　涅槃邊之功德如何為自生本有（分四）

庚一　四身五智如何於本始基中本然圓滿具足

庚二　四身五智如何於道中本然自生

庚三　釋如何於不醒之心中整治為道而遂致迷亂

庚四　辨識般若相對於凡夫心識及心所，以了知證與無證之別

己二　輪迴幻相之展現如何驟然流布（分三）

庚一　五大種顯現如何向外流布

庚二　八識聚及其對境如何流布於內

庚三　本節要義略說

丁三　本章要義略說

丙三　納輪涅於一，無間且離偏及離邊（分二）

丁一　於明相現分中，指示彼等唯一周遍無非如幻顯現

丁二　指示自空性中，自性之唯一周遍非諦實有

丁一　於明相現分中，指示彼等唯一周遍無非如幻顯現

丁二　指示自空性中，自性之唯一周遍非諦實有（分二）

戊一　直指一切法如何納於唯一法性中

戊二　由明示唯一周遍各支作廣說

戊一　直指一切法如何納於唯一法性中

戊二　由明示唯一周遍各支作廣說（分三）

己一　指示唯一周遍為體性、且離利害

己二　指示唯一周遍為自性、離八邊之名言

己三　指示唯一周遍為三解脫門

丙四　頓入本始無整及光明之廣大法爾任運境（分三）

丁一　不了義方便及了義般若之共說

丁二　詳說法爾功德之安立

丁三　指示各別功德如何於證悟之理中圓滿具足

丁一　不了義方便及了義般若之共說

丁二　詳說法爾功德之安立（分五）
戊一　五身任運之理
戊二　五部任運之理
戊三　五剎土任運之理
戊四　五方佛任運之理
戊五　五空行母任運之理

丁三　指示各別功德如何於證悟之理中圓滿具足（分三）
戊一　勝義諦之儀軌支分圓滿具足之理
戊二　彼乘尊貴名義圓滿具足之理
戊三　九乘次第功德趨上之際能圓滿具足之理

戊一　勝義諦之儀軌支分圓滿具足之理（分二）
己一　彼等支分如實圓滿之理
己二　指示生起次第為世俗諦中方便道之要義

戊二　彼乘尊貴名義圓滿具足之理

戊三　九乘次第功德趨上之際能圓滿具足之理

乙二　實際修持（分二）
丙一　修持如何離所緣境之共說
丙二　詳說根本位與後得位之次第

乙三 行持之利（分三）

丙一 為見行無有顛倒而修學

丙二 分別道上之歧路

丙三 指示其他正行

丙一 為見行無有顛倒而修學

丙二 分別道上之歧路（分二）

丁一 辨識覺受之歧路

丁二 分別障礙之歧路

丙三 指示其他正行

乙四 現得果位（分二）

丙一 根本解脫之真實次第為果

丙二 生起清晰辨別及無誤指示要義之口訣

丙一 根本解脫之真實次第為果

丙二 生起清晰辨別及無誤指示要義之口訣（分四）

丁一 辨別心與本覺

丁二 辨別意與般若

丁三 辨別識與智

丁四 辨別阿賴耶與法身

丁一 辨別心與本覺

丁二 辨別意與般若

丁三　辨別識與智

丁四　辨別阿賴耶與法身（分二）

戊一　真實之辨別

戊二　要義略說

甲三　論後義

至此全文圓滿

此科判乃應教幢阿闍梨（slob dpon Thub bstan rgyal mtshan）之請，由無畏智金剛所造，為彼教授本論時之淺明教材。

摧魔洲尊者

正文

Rang bzhin rdzogs pa chen po'i rang zhal mngon du byed pa'i gdams pa ma bsgom snangs rgyas bzhugs so

// khyab bdag gdod ma'i mgon po ye shes sgyu 'phrul rol pa'i grong khyer mchog la mi phyed dad pa'i sgo nas phyag 'tshal lo / dus deng sang snyigs ma lnga bdo ba'i skabs 'dir sems can dmu rgod las ngan dbang che ba'i stobs kyis mi tshe rmi lam gyi gnas skabs tsam 'di la zhen cing blo thag ring pol gtan du sdod grab byed cing phyi ma'i don gnyer rgyab tu bor ba sha stag las med de / de'i phyir thar pa dang rnam mkhyen gyi go 'phang don du gnyer ba ni nyin mo'i skar ma tsam las ma mthong / gal te 'chi ba dran nas chos nyams su len par spro yang lus ngag gi dge sbyor tsam la mi tshe zad nas mtho ris lha mi'i go 'phang don du gnyer ba dang / yang 'ga' zhig gis lta ba stong nyid kyi phyogs tsam mi shes par rang sems stong pa ru thag bcad nas rnam bar rtog pa'am shes pa bzo med tsam ngo sprad de de'i ngang du byar med du sdod pas 'dod gzugs kyi lha ru 'phen pa tsham las rnam mkhyen gyi lam la spu rtse tsam yang nye ba ma yin no / de'i phyir na bskal pa dpag tu med pa'i gong rol nas tshogs //

《現證自性大圓滿本來面目教授．無修佛道》

摧魔洲尊者 造論

許錫恩 繙譯

甲一 造論因由（分三）

乙一 說名

現證自性大圓滿本來面目教授．無修佛道

乙二 讚禮

以不退轉信意，頂禮至尊本始怙主、本智幻化顯現之殊勝越量宮。

乙三 造論所為

際此五毒漸長之世，有情於凶猛惡業動搖下，率皆桀驁不馴。此輩執着於如夢之今生，唯作長遠打算，直如此世常住；而為來世應作之籌謀，則棄而不顧。以此原因，使余感慨，精進於解脫及求遍智者，實寥若晨星。復次，雖或有能覺悟自身無常而勤修佛法者，然只消耗人生於身與語之表面功德事業上，故僅能往生於天人或人道中。

完全不明空性之輩，斷定自心為空，由是入虛無境界，掉舉昏沈，且滯着於此而無所作為。此輩雖因而往生為欲界及色界天人，但實絲毫不能令其稍近於遍智道。

rgya chen po bsags / smon lam bzang pos mtshans sbyar / don dam pa'i chos la las 'krel bzhag pa'i skyes bu re tsam mchis na de'i dbang skal du ngas bstan pa yin / nga dang las 'brel med cing rdzogs pa chen po'i chos la dbang byed pa'i skal pa med pa dag gis bstan pa 'di la sgro skur byed pa las blo 'brog dgon pa ru 'bros par 'gyur pa yin / de ltar ma yin pa'i bdag dang skal pa mnyam pa'i skyes bu rnams kyis gdans pa 'dir ltos la brtag dpyad goms 'dris kyi sgo nas 'khor 'das stong nyid chen por ngo shes te ngang rtogs par mdzod cig / 'dir rang bzhin rdzogs pa chen po la sems klong man ngag gi sde gsum du yon pa las / 'di ni gsang ba man ngag gi sde zhes bya ba yin / 'di la lta ba dang / bsgom pa dang / spyod pa gsum du yon pa las / dang po lta ba gtan la dbab pa la / med pa dang / gcig pu dang / phyal ba dang / lhun grub rnam pa bzhi'i sgo nas gtan la phab ste ji lta ba bzhin du rtogs par bya ba ni gnad dam pa yin no / / de la dang po med pa'i tshul gtan la dbab pa la /

是故，若有稀少信眾，將其歷無量劫所廣積之資糧，與殊勝信心相繫，且於勝義教法已具夙緣，則余將因應彼等之善緣及根器而教導之。有等與余無緣或無福接受大圓滿教法、乃至妄談或詆毀此教法者，彼等實已將自心棄於孤寂曠野。汝等具福如余而不似彼等之信眾，其諦聽之：由分別及思維，由認識及串習，明了輪迴與涅槃為無上空性，由是而證悟實相。

自性大圓滿分三部：心部（sem sde）、界部（klong sde）及口訣部（man ngag sde）。本部屬口訣部中之秘密部。此中分三：見（lta ba）、修（bsgom pa）及行（spyod pa）。

甲二　釋文義（分四）

乙一　由見得決定（分四）

初、欲於見地得決定，殊勝要訣在於觀「無有」（med pa）、「唯一」（gcig pu）、「周遍」（phyal ba）及「任運」（lhun grub）等四義而得究竟見，並了悟此〔四義〕之本來如是。

丙一　得一切法皆離言詮空性之決定（分二）

得事物無有之決定分二：抉擇補特迦羅我，及抉擇諸法自性。

gang zag gi bdag gtan la dbab pa dang / chos kyi bdag gtan la dbab pa dang gnyis yod pa las / dang po gang zag gi bdag zhes bya ba ni / nyin snang dang / rmi snang dang / bar srid dang / phyi ma'i dus rnams su bdag yod par snang tsam nyid la gang zag gi bdag ces bya'o / de ma thag tu nga ru bzung ba'i shes pa bag la nyal ba la shes pa phyi ma'am rnam par rtog pa zhes bya ste / des gsal btab nas brtan cing 'thas par byas pa yin / de'i phyir nga zhes bya ba de dang po byung ba'i khungs la brtag nas byung khungs med pa'i sa la gtug go / bar du gnas pa'i sa btsal ba la / nga zhes bya ba de gnas sa dang gnas mkhan so sor ngos bzung mtshan ma can du yod dam med / 'di ltar brtag par bya'o / mgo la ni mgo zhes bya ste nga ma yin / de bzhin mgo lpags la'ang lpags pa zhes bya ste nga ma yin / rus pa la rus pa brjod pa las nga ma yin / de bzhin du mig di mig las nga ma yin / rna ba ni rna ba las nga ma yin / sna na sna las nga ma yin / lce ni lce las nga ma yin / so di so las nga ma yin / klad pa yang nga ma yin / sha khrag chu ser rtsa rgyus rnams la'ang rang rang gi ming las nga ma thog pa des shes / yang lag pa ni lag pa las nga ma yin / sog pa ni de bzhin nga ma yin / dpung pa ni ma yin / lag ngar ni ma yin / sor mdzub rnams kyang ma yin / yang rgal tshigs ni rgal tshigs las nga ma yin / rtsibs ma ni nga ma yin / brang ni nga ma yin / glo ba ni nga ma yin / snying ni nga ma yin / mchin khri ni nga ma yin / mchin pa dang mtsher pa ni nga ma yin / rgyu ma dang mkhal ma ni nga ma yin / dri chu dang bshang lci ni nga ma yin / yang rkang pa la'ng nga yi ming mi gdag lte / brla la brla zhes gdag pa las nga mi gdag / de bzhin du nga ma yin / rje ngar yang nga ma yin / rje ngar yang nga ma yin / sor mdzub yang nga ma yin /

丁一　得補特迦羅無我決定（分三）

戊一　得初生假我源頭之決定

補特迦羅我者：指執着於「自我」之存在 —— 不論於清醒時、夢境時、中有時或來生時。於第一執着之當下，潛意識即緣此執着而建立「我」，此名之為「後識續」或「分別心」。若越加清晰，則此我執亦越加牢固。由索求生起此所謂「我」之源頭，汝將得「實無此源頭」之決定。

戊二　中際所住之處所

〔於集與滅之間〕尋伺「我」何所住時，汝應思維：就「我」而言，「能」「所」是否各別存在而具勝義實相。

頭，是名為「頭」，非我。如是：頭之表皮，是名為「表皮」，亦非我。骨，是名為「骨」，非我。如是：眼，既只為「眼」，當亦非我。耳，既只為「耳」，非我。鼻，既只為「鼻」，非我。牙齒，既只為「牙齒」，故非我。復次，腦亦非我。至若肌肉、血液、髓液、神經線、血管及筋腱等，皆各以其名而名之，非名為「我」。由此汝遂能得勝解。

復次，「臂」也者，既只為一己之臂，故非我。肩亦如是；上臂、前臂及手指等亦如之。復次，「脊柱」者，既只為一己之脊柱，故非我。肋非我，胸非我，肺非我，心非我，膈非我，肝與脾非我，腸與腎非我，大小二便亦非我。

復次，「我」此一詞，不適用於雙腿。施之於大腿之名言為「大腿」，而非「我」。同理，臀非我，脛非我，足背或腳趾亦非我。

mdor na phyi'i lpags pa la nga mi gdag / bar gyi sha tshil la sha tshil zer ba las nga mi gdag / nang gi rus pa la rus pa zer ba las nga mi gdag / gsang ba rkang la'ng rkang zer ba las nga mi gdag / rnam par shes pa la'ng de las nga mi gdag / de'i phyir bar du gnas pa'i sa dang bdag po ned pa'i / stong pa nyid du nges pa'o / de bzhin du tha ma 'gro ba'i yul dang bdag po thams can las 'das pa nyid du thag chod par bya'o / / don la med bzhin yong par snang ba ni rab rib lta bu'o / / ming brjod pa de dag kyang ri bong gi rwa brjon pa lta bu'o / gnyis pa chos kyi bdag med gtan la dbab par bya ba la ming gi gdag gshi btsal ba / dngos po'i rtag 'dzin bshig pa / phan gnod kyi mtshang la rgol ba / re dogs kyi rdzun phug brdib pa'o /

要言之，表皮非以「我」名之；中層之肌肉與脂肪，既以「肌肉」與「脂肪」之名屬之，即非以「我」名之；內部之骨，既以「骨」之名屬之，故非以「我」名之；最內部之骨髓，既以「骨髓」之名屬之，即非以「我」名之。至若夫識，既以此名屬之，亦非以「我」名之。是故，汝可確知於此〔集滅〕之間，能所俱非有之空性。

戊三　所住最終境

同理，汝於最終所趨境，及入此境之一切因，皆應具超越此二者之決定。如實而言，此猶如病翳，似有所顯現而實無。所說種種名言，皆如兔角之喻。

丁二　得法無我決定（分四）

次者，為欲對諸法無有自性得決定見，汝須尋安立名相之根基、遮撥「實事為恆常」之執持、辯難利害之過失，及摧折希疑之虛妄窟穴。

dang po ni / ming thams cad btags don btsal na med bshin du rtog pa'i rang mdangs tsham la btags par zad de / chos gang yang gdag gzhi'i steng ni tshugs thub tu grub par mi srid pa'i phyir ro / / de yang mgo shes bya ba ci'i phyir ci la btags / lus chags pa'i dang po yin pas sam / zlum po yin pas sam / steng du bstan pa la btags / lus chags pa'i dang por ni mgo ma skyes / zlum po thams cad la ni mgo mi thog / steng 'og kyang brtag na nam mga' la steng 'og med / de bshen du skra ni mgo ma yin / lpags pa la lpags pa las / mgo mi thogs / rus pa la rus pa zer ba las mgo mi thogs / klad pa ni mgo ma yin / mig dang rna ba ni mgo ma yin / sna dang lce ni mgo ma yin / de ltar so sor phral na ma yin kyang lhan du tshogs pa la mgo zer ba yin snyam na srog chags zhig gi mgo bcad de rdul dang rdul phran cha med du btags nas 'dzam bu gling gi mi la bstan kyang mgo zhes mi smra / chus sbrus kyang mgo mi thogs pas mgo zhes bya ba brjod pa tsam las brjod gzhi yul med du 'dug pa'i ngang tshul shes par bya'o / / de bzhin du mig la yang chu bur zung du yod pa la mig mi thogs / lpags pa ni mig ma yin / chu dang rtsa khrag rnams kyang de bzhin du mig ma yin / de dag so sor phyes kyang ma yin / lhan cig tshogs pa'i rdul kyang ma yin / chus sbrus pa'i 'dag pa yang ma yin / gzugs mthong mkhan kyang shes pa yin pa las chu bur ma yin pa rmi lam dang bar do'i lkabs su mthong byed yod pa des ston to /

戊一　尋名相所緣之基（分二）

己一　尋一切法名相所施設之外境，由是得空性決定

首先，若尋求一切名相所指之外境，則終將發覺，此實無非以標籤施之於非實有之事相上，事相即稱為心識分別之內自光明。於作為名相所依止之根基時，諸法不可能被建立為可自存故。舉例言之：「頭」此一名相，究竟所指為何物？又因何指之為頭？此標籤之施設，毋乃因頭為軀體首先生長部份，或因其為圓形，又或以其為軀體之頂乎？實際言之，「頭」既非軀體首先所長；「頭」一詞亦非指一切圓形；當作「頂」「底」等分別時，則知虛空中實無所謂絕對之上下。同理，頭上之毛髮非頭。皮，指皮膚而已，非以「頭」名之。骨，既以「骨」之名相屬之，非以「頭」名之。腦非頭；目與耳亦非頭；鼻與舌亦非頭。

或曰：若各別言之，則彼等非頭。然其總相則名為「頭」。但若斫某等有情之頭，研成粉末至極微，然後將其示與世人，則當無人稱之為頭。縱將極微和之以水，此物事亦不能以「頭」名之。是故，須知此所謂「頭」者無非名相施設，而此名相施設之基亦非實有。

復以「目」為例更說明之：「目」也者，非指一雙球體。鞏膜非目；髓液、神經、血管及血等非目。若將彼等各各分別，則決知彼無一為「目」。縱使彼等總相中之極微，或將極微和之以水，其物事亦非是。能視色者非眼球，實乃無非識之狀態而已。何以證之？蓋於夢境中及中有時，皆能視物之故也。

/ rna pa yang de bzhin du sbu gu ni rna ba ma yin / lpags pa ni rna ba ma yin / sha dang rtsa rgyus khrag dang chu ser rnams ni rang rang gi ming las rna ba ma yin / de rdul du phab pa'i phye ma yang rna ba ma yin / lhan cig sbrus ba'i 'dag pa yang rna ba ma yin / sgra thos / mgan la rna ba zhes btags par sems na / rmi snang nyin snang bar do'i skabs kyi sgra thos mkhan la ltos / sems ye gnas kyi shes pa nyid yin te rna ba ma yin / de bzhin du sna yang sbu gu dang lpags pa dang rus pa sha dang rtsa rgyus thams cad rang rang gi ming las sna zhes mi gdag / dri tshor mkhan yang shes pa nyid yin par rmi lam dang bar do'i skabs su dri tshor mkhan la brtag par bya'o / / lce yang de bzhin du so sor phyes na sha lpags khrag dang rtsa rgyus thams cad la rang rang gi ming las lce zhes mi bya / de dag rdul du phab pa'i rdul la'ng lce zhes mi bya / chus sbrus pa'i 'dag pa la'ng lce mi gdag pa bzhin 'og ma kun la 'gre bar bya'o / / de bzhin du lag ba'ng sog pa ni lag pa ma yin / dpung pa ni ma yin / lag ngar ni ma yin / sor tshigs rnams kyang ma yin / sha lpags rus pa rkang yang ma yin / sog pa yang de bshin lpags pa ni sog pa ma yin / sha dang rus pa rnams kyang ma yin / lhan cig 'tshogs pa'i rdul yang ma yin / chus sbrus pa'i 'dag pa yang ma yin te / sog pa'i ming gi gdag gzhi yul med du stong pa'o / / de bzhin du dpung pa dang lag ngar la brtag pas sha la sha / rus pa la rus pa / lpags pa la lpags pa / rkang la rkang zhes rang rang gi ming las gdag gzhi / rdul phran tsam yang ma grub / lus dang phung po zhes brjod pa'i gzhi rtsa la brtag pas rgal tshigs dang rtsibs ma la lus mi bya / brang dang sha lpags rus pa la lus mi bya / snying dang glo ba mchin pa mchin khri mtsher pa mkhal ma rgyu ma rnams la rang rang gi ming so sor brjod pa las lus dang phung po'i gdag gzhi yul med du stong pas stong pa nyid do /

「耳」亦如是：耳道非耳，皮亦非耳；軟骨、神經、血管、血液及淋巴液各有專名，故彼等非耳。將彼等研碎而成粉末之極微亦非耳。將極微和之以水而成之物事亦非是耳。若謂聞聲者即是耳，則請試觀於夢境中、清醒時及中有際所聞之聲，此即通常之心，亦即臨時〔起用〕或固存之識，其實非耳。

又如鼻之各部，如鼻孔、皮、骨、軟骨、神經及血管等，皆各有其專名而非以「鼻」名之。嗅香者乃識之狀態。是故應分辨於夢境中及中有際之嗅香者。

同理，若分別舌之各部，如纖維、表皮、血液、神經及血管等，彼等皆各有其專名，而非以「舌」名之。縱將之和以水而成之物事，亦不名為「舌」。下述各例均與此理同。

以臂言之：肩者非臂，上臂非臂，前臂亦非臂。指爪、關節、筋肉、表皮、骨或骨髓亦如之。就肩而言，表皮亦非肩，筋肉及骨亦非是。縱使總相物事中之極微，或將極微和之以水而成之物事亦非是。「肩」此一名相所依之根基實是空性，蓋非實有故。若依此理分辨上臂及前臂，彼等皆各有名相——「肌肉」施諸肌肉；「骨」施諸骨；「皮」施諸皮；「骨髓」施諸骨髓。——然無一極微可建立為名相所依之根基。

由分辨「身」及「蘊聚」此等名相之根基，可見脊骨及肋骨非名為「身」。胸、皮肉、表皮及骨亦非名為「身」。心、肺、肝、膈、脾、腎及腸等各有專名。「身」及「蘊聚」所依之根基既空，以非實有，故具空性。

/ rkang pa la'ng de bzhin du brtag pas dpyi ni rkang pa ma yin / brla ni ma yin / rje ngar ni ma yin / bol ba yang ma yin te / de bzhin du dpyi ni sha la mi bya / lpags pa dang rus pa rtsa rgyus rnams la mi bya'o / / brla yang lpags pa dang sha rus rtsa rgyus thams cad la mi bya / rje ngar yang de bzhin de / de dag thams cad rdul du phab pa'i phye ma la ming de dang ma grub / chus sbrus pa'i 'dag pa la'ng ming de dag mi bya'o / / phyi'i ri bo zhes bya ba'i gdag gzhe btsal na / sa ni ri bo ma yin / de bzhin rtswa dang shing ni ma yin / rdo ni ma yin / brag dang chu ni ma yin / khang khyim gyi ming gi gdag gzhi btsal na / sa ni khang pa ma yin pa bzhin du rdo ni ma yin / shing ni ma yin / rtsig pa la'ng rtsig pa zhes bya ba las khang pa mi gdag pa de bzhin du phyi dang nang gang du yang khang pa zhes ma grub pa yin / mi rta khyi la sogs pa'i ming gi gdag gzhi btsal bas kyang / mig dang rna pa sna dang lce dang sha khrag rus pa rkang dang rtsa rgyis rnam par shes pa dang bcas pa la rang rang gi ming las mi rta khyi dang bcas pa'i gdag gzhi yul med pa ltar thams cad des ston to / / dper na rdzas rnams las rnga zhes bya ba ni shing la mi bya / ko ba la mi bya / phyi dang nang la mi bya ba dang / gri yang lcags la mi bya / so dang ltag pa rtse mo yu ba kun tu gri zhes gdag yul ma grub pa yin no / / ming don 'gyur ba'ng dper na / gris snyung bu byas tshe ming 'gyur ba dang / gab byas pa'i tshe ming snga ma thams cad yul med du song ba bzhin no / / gang zag gi bdag ces bya ba dang ming gi gdag gzhi btsal ba 'di gnyis ka bdag gi bla ma 'phags mchog thugs rje cen pos rmi lam gyi skabs su gsungs pa la brten nas legs par rtogs pa yin no /

依此理而分辨腿，可知臀非腿，大腿、脛或腳亦非是。肌肉非名為「臀」，表皮、骨、神經、血管或筋腱等亦非是。甚而大腿亦不可許為表皮、肌肉、骨、神經、血管或筋腱等。於脛而言亦同理：縱將此等纖維研碎為極微而成之粉末，亦不能以此等名相而名之，亦不能將之施設於將極微和之以水而成之事物。

若於外境中尋伺「山」此一名相所依之根基時，則知土地非山；草樹非是；石、崖或水亦非是。若尋伺「建築物」或「屋」此等名相所依之根基時，則知：即如土地非屋，石與木亦非是。復次，於牆而言，是名為「牆」，然非以「屋」名之。是故，不論內外，皆不能建立「屋」為實有。

汝或尋伺「眾生」、「馬」、「狗」等名相所依之根基。雖則眼、耳、鼻、舌、肉、血、骨、骨髓、神經、血管、筋腱及識等各有專名，然而「眾生」、「馬」、「狗」等名相所依之根基無一為實有。所有情況皆可以此例明之。

例如，於物件中，「鼓」此一名相非指木、皮、內或外等。同理，「刀」此一名相非施之於鋼；而〔刀之〕各部如刀口、刀背、刀鋒或刀柄，無一可被建立為「刀」而成實有之物。

復次，名稱與功能亦能轉變。舉例言之：若刀被改鑄為鑽，則其名相改變，又或當鑽被改為針時，則先前之所有標籤亦成非實有。

根據余之上師、即殊勝無上大悲者（Avalokiteśvara，觀自在菩薩）於夢境中對余所言，余徹底了悟（一）何謂人我及（二）尋伺名相所依根基。

觀自在菩薩

鄔金海生金剛

slar yang o rgyan mtsho skyes rdo rje ye shes sgyu ma'i skyu dang mjal tshe gnang ba'i snang ba sgyu mar sbying ba'i gdams pa ni / rgyu rkyen 'phrad pa'i rten 'brel du ngo sprad pa la / de yang rgyu gzhi dbyings dwangs gsal ci yang 'char rung gi nus pa can dang / rkyen ngar 'dzin gyi shes pa gnyis 'dus pa la brten nas snang pa thams cang sgyu ma bzhin du snang ba ste / de ltar gzhi dbyings dang / de'i rtsal las shar ba'i sems dang / sems de'i snang cha phyi nang gi chos thams cad nyi ma dang nyi ma'i zer bzhin lu gu rgyud du 'brel bas na rten cing 'brel bar 'byung ba zhes bya'o / / de'i dpe ni rgyu nam mkha' dwangs gsal la brten nas rkyen sgyu ma'i rdzas sngags dang sprul sems dus 'dzom pa las rten 'brel sgyu ma snang ba lta bu'o / / 'du ltar snang ba'i chos thams cad med bzhin du ngar 'dzin gyi dbang gis snang ba ni nam mkha' dwangs gsal dang drod gsher dus 'dzom pa las smog rgyu snang ba lta bu'o / / nyin snang dang rmi snang bar srid phyi ma'i snang ba thams cad med bzhin du snang ba la bden zhen gyi dbang gis 'khrul pa ni dper na rmi lam gyi dus su 'di rmi lam mo snyam du rdzun par mi sems te gtan gyi gnas yul du bzung nas zhen pa lta bu'o /

己二　指示明相現分，如何自空性中生起而成緣起之展現

一時，余親見鄔金海生金剛（O rgyan mtsho skyes rdo rje）之智慧幻化身。彼垂賜淨治明相為虛幻之教導於余曰：『欲直觀因緣和合之緣起，應當思維：因者，即本始基[1]，澄明且能容受一切生起。緣者，乃執「我」之識。由此二者之和合，一切明相皆如幻而顯現。

如是，由本始基（gzhi dbyings）之力所生起之心識（sems）、及此心識所顯之內外一切法皆連環相扣（lu gu gyud），即如日與日光。故謂之曰「緣生」。

以下為此過程之表述：此如虛妄幻化之顯現（sgyu ma），乃基於虛空之澄明為因，及由幻物、總持及生虛幻之心等同時俱起為緣，如是因緣和合而緣生顯現。

一切法皆如是而現 —— 無自性，但因有我執之力而顯。此即如陽燄乃因明朗虛空及煖濕等性之出現而生。

一切醒時心識、夢境、生死間之中有，及來生等種種明相，雖顯現而實無有，吾等因將本無者予以諦實，由是而成迷亂。此恰如夢者於夢中不省之為夢，反而執為實有外境而攀緣。

1　本始基（gzhi dbyings）：為輪涅一切法之不動自性，具足無整治解脫功德。故此詞亦可譯作「體性基」。然此雖為一切法之本體，卻如虛空而非實有，其力用則為顯現輪涅一切法。倘如要在已譯出漢文的經典中找出同義詞，則《入楞伽經》中的「如來藏藏識」可稱為近似。

/ nang nga ru 'dzin pa'i bdag rkyen las sna tshogs chos khams gzhan du snang ba byad dang me long 'phrad pa'i rten 'brel las gzugs brnyan snang ba lta bu'o // bdag 'dzin gyis kun nas dkris pa'i dbang gis grong khyer drug gi 'jig rten res mos su snang ba ni sems 'dzin gyi snang nyams zhig tu nub kha'i thang sogs yul la dri za'i grong khyer snang ba lta bu'o / / 'dod yon gyi snang ba gdod nas ma grub pa la mthong thos myong tshor sna tshogs bdag snang gzhan ltar snang ba brag ca lta bu'o / / snang ba thams cad gzhi las mi gzhan par gzhi nyid du ro gcig pa ni rgya mtsho'i gza' skar thams cad rgya mtsho las mi gzhan par chu nyid du ro gcig pa lta bu'o / / gzhi dbyings khyab brdal nam mkha'i khor yug la ngar 'dzin gyi dbang gis bdag gzhan bden grub du snang ba ni chu las lbu ba brdol ba lta bu'o / / gzhi dbyings stong pa dwangs gsal gyi cha de bdag snang yid shes su gcun te brtan pa'i stobs kyis 'khrul snang sna tshogs snang ba ni dper na mig rtsa btsir ba'am rtsa khams rlung gis bsgyur ba las mig yor snang ba lta bu'o / / ngar 'dzin gyi shes pa'i ngor gzhi las sna tshogs snang yang gzhi rang las ma gyos shing ma byung ba ni dper na sbrul bsgyur gyi ting nge 'dzin la dbang bsgyur ba'i skyes bu sprul bsgyur gyi ting nge 'dzin la snyoms par zhigs tshe sprul pa sna tshogs su snang yang don la gzhi rtsa bral zhing dngos yul ma grub pa lta bu'o / / kyai / khye'u chung bsam du med pa khyod kyis 'di ltar rim bzhin du bsgom dang snang ba sgyu mar rtogs pas sgyu ma'i rnal 'byor du 'gyur ro / / zhes gsungs shing mi snang bar gyur to /

由內執持「我」為增上緣，法界中之種種遂顯現為「他」。此則如由臉與鏡和合緣生而顯現之影像。

因吾人深陷於我及我所之執，「六城」種種世界遂輪番顯現。此有如於平原夕照中，心識自見乾闥婆城（dri za'i grong khyer）於外境作顯現。

妙欲之明相既自本初已非有，是以種種所見、所聞、所嗅、所嚐及所觸，皆為自顯現，而顯現一如為他，此則如迴聲（brag ca）。

一切明相不離本始基，而與此本始基為一味，有如海中映現之星辰（rgya mtsho'i gza' skar），不離於海而與水性為一味。

由執我故，「自」「他」遂於本始基之遍滿虛空界中顯現，似為實有。此則如水中所成之泡（chu las lbu ba）。

基界之澄明如虛空，局限為意識（yid shes）之所顯。此牢固習氣之力，令由迷亂而生之明相作種種顯現。此則如眼神經受壓而生幻覺（mig yor），或因體內風息失衡而致神經系統受擾。

明相自本始基中作種種顯現，遂成心識執我之緣。然明相實不離本始基、非自本始基外生起，有如於止觀具證量之成就者，能生起幻象（sprul pa）並舞弄之，當彼專注於生起及舞弄之過程時，雖有種種幻象顯現，實際言之，此等幻象離本始基，不能立為實有之外境。

噫！童子！如是依次第而觀修，則能證悟顯現皆為幻化，而成幻化瑜伽士。』

言罷，遂隱沒不現。

持明伏魔金剛

/ yang rig ’dzin bdud ’dul rdo rje / rdo rje rtag pa’i rdo rje’o / / don du dam mkha’ nyid la ltos / zhes dang / slor yang de’i don bkrol nas gsungs pa ni / kye ho nam mga’ stong pa ’di ni snod bcud thams cad kyi ’char gzhi yin te / dper na gzugs brnyan ’char gzhi me long yin la me long las gzugs brnyan gzhan du ma grub pa dang / chu zla ’char gzhi chu yin la chu las chu zla gzhan du ma grub pa dang / ’ja’ tshon ’char gzhi nam mkha’ yin la nam mkha’ las ’ja’ tshon gzhan du ma grub pa bzhin no / / nam mkha’ de ni rma mi ’byung bas mi chod pa / nam mkha’ la gzhom gzhig bral bas mi shigs pa / nam mkha’ snang srud kyi mched gzhir gnas pas bden pa / nam mkha’ la skyon yon gyi pslad mi ’jug pas sra ba / nam mkha’ ’pho ’gyur bral bas brtan pa / nam mkha’ rdul phra rab yan chad kyi gongs su ma zhugs pa med pas thams cad du thogs pa med pa / nam mkha’ la gzhan gang gis kyang gnod pas mi tshugs pas thams cad las ma pham pa’o / rdzas gzhan gang la’ng mtshon gyis rma ’byung bas chod pa rkyen gyis gzhom zhing ’jig nus pas shigs pa / gcig dang du mar ’gyir bas rdzun pa /

戊二　遮撥執一切法似實有（分三）

己一　指示遍入之無為虛空具足七法

復次，持明伏魔金剛（Rig 'dzin bdud 'dul rdo rje）語余曰：『金剛！恆常金剛！欲知真實義，但視虛空際。』

彼解說其義曰：『噫！彼空性之虛空，乃生起一切情器世間之基。此如影像以鏡為生起基，不能另於鏡外建立；又如月影以水為生起基，不能另於水外建立；又如彩虹以天空為生起基，不能另於天空外建立。

虛空既不能損其分毫，是故無瑕；既不能剋制之或摧毀之，是故無壞；既住而成世間一切明相展現之根基，是故無虛；既不受過失或功德所變，是故無染；既離變易，是故無動；既能遍入最極微塵聚，是故無礙；既無有能壞之者，故虛空為無能勝。

己二　指示有為法如何為實性空（分三）

庚一　法如何空

一切實法既能被武器損毀之，是故有瑕；復次，緣等能剋制之或摧毀之，是故可壞；因能變為一或多，是故為虛妄；因能被他物所改，是故為可染；因其變動不居，亦無定所，是故非常；因能為他緣所損而致消滅，是故可敗。如是知其為非實有者，此即是空。

gzhan gyis bslad 'jug pas mi sra ba / gyo 'gul dang bcas brtan gnas med pas mi brtan pa / gang la'ng thogs pa dang bcas pa / rkyen gzhan gyis stong par bred pas pham pa ste / bden par ma grub pa'i mtshan nyid can de dag stong pa'o / / gzhan yang dngos po rags pa rdul du phab pas rdul / rdul de bdun char btang bas rdul phran / rdul phran de yang bdun char btang bas cha med du stong pa yang ma grub pa'i mtshan nyid kyis yin no / / de yang bya ba byas pas med par btang ba las dang po yod par sems na / rmi lam gyi snang ba snang des nyid nas ma grub pa la mthong reg gi bya ba byas ma byas dang / mig 'byed btsum dang gom pa 'deg 'jogs tsam gyis snang ba mched 'gag tu 'gyur ba'i tshul la ltos shig / 'on te snga ma 'gag cing yal te phyi ma phyis mched pa ma yin te snga ma nas gzhan du 'phos tshe snga phyi thams cad bden grub tu yod par sems na rmi lam gyi snang ba la ltos shig / khyad par du yang rgyu 'bras phan tshun la ltos nas btags pa min pa'i tshugs thub kyi ngo bo zhig yod mi srid pas ngang tshul legs par som mdzod / 'o na nam mkha' la rdo rje chos bdun ldan par bshad pa de dag kyang dngos med yin pa'i rgyu mtshan gyis 'pho 'gyur med tshul dper bzhag nas chos nyid kyi bzhugs tshul smra bsam brjod med kyi ngo bo la 'gyir ba med par ston pa yin gyi / dngos dang dngos med bden brdzun gyi khyad 'ong bar 'chad pa la sbyar na legs pa yin no / / de bas na mdzub mos zla ba ston pa'i brda' thabs byas na zlas ba la blta bar bya yi mdzub mo'i rtse tsam zhig blta bas tshim par mi bya'o / 'di la goms 'dris yang yang btang nas stong par thag chod pa zhig ma byas na rnam mkhyen gyi lam du phyogs tsam nye bar mi 'gyur ro /

復次，粗色能減損至粉末、甚而微塵。此等微塵可七分之而為極微；而此等極微復可以七分之，乃至為空。此即非實有法之表徵。

或以為此等法皆原先實有，只因汝如上所述，分而復分，始卒成空；此則可試觀夢境，彼於顯現之剎那頃已非實有；復次，可試觀影像生滅，僅緣於其可見或可觸，而非以眼之開闔為基；非以行走時雙足之提放為基。

或諍言：「此固非前一剎那之顯現斷滅及隱沒，能生起下一剎那之事物。唯卻可說，當前一剎那之明相推移至另一剎那時，一切此等之顯現，不論於前際或後際，皆乃存在而可許為實有。」

若作此想，則可試再觀夢境。細細思維，世間名言若非依於因緣和合，則無所謂「自性實有」。

復次，以此虛空七種金剛功德之喻，可證虛空因其性空，故不變或不動；兼明示如如不動及不可思議之法性。

如上所言，乃實有及非實有、真與非真等分別之善說。是故，若以手指月時，勿只注視指尖而滿足，須望向明月為是。若於此義不能反覆揣摩，於空性上不能生決定，則終不能稍近於遍智道。

無垢光（龍青巴尊者）

/ khye'u chung shes rig gi rtse mo khyod kyis 'di'i don la rab tu ltos la snang ba thams cad nam mkha' nyid du rtogs pa'i nam mkha' go 'byed pa'i rnal 'byor pa zhig mdzod cig / ces gsungs shing mi snang bar gyur to / de ltar gtan la phab pas snang ba thams cad rang la nyid nas stong par zhes kyang / phyi snang ba snod kyi 'jig rten nang gyo ba bcud kyi sems can bar 'dod yon lnga'i yul snang 'di dag thams cad shul du bor nas gnas ris gzhan du 'gro ba dang / sems can thams cad rang rang gi rgyud can du yod par sems nas yod pa'i gnas skabs na / rmi lam gyi snang ngor nga'i bla ma dri med 'od zer dang zhal mjal nas dri ba rtsod lan gyi tshul du ngo sprod 'di ltar gdams so / / kyai rigs kyi bu phyi snang ba snod kyi 'jig rten / nang gyo ba bcud kyi sems can / bar 'dod yon lnga'i yul snang 'di dag sgyi ma'i 'khrul 'khor dbyings su zhig pa bzhin du kun gzhi stong had kyi nam mkhar thim nas mthar las rlung gyos pa'i cho 'phrul gyis bdag lus snang ba las rmi lam gyi snod bcud 'dod yon thams cad mched pa la mngon zhen skyes pas 'khrul pa dang / slar yang snang srid de yang 'ja' tshon nam mkha' la yal ba ltar kun gzhi stong had kyi nam mkhar thim pa las yang sngar bzhin nyin snang mched pa yin / ces gsungs pa la /

噫！絕頂聰明之童子！祈悟入此深義，成就為體證一切明相皆虛空之虛空瑜伽士。』

言罷，遂隱沒不現。

庚二　思維夢境及生死之來去以得決定見

既得此決定見，余乃了悟一切明相之自性皆空。但就器世間中之有情，及顯現為五妙欲之外境等等明相而言，余仍具離世之思維而嚮往於他界；亦念及一切有情皆是實有，各具心之相續（rgyud）。

此際，余於夢中得見余之上師無垢光（Dri med 'od zer，即龍青巴尊者 Klong chen rab 'byams pa），親以問答之形式作直指教授。

上師曰：『噫！善種姓子！於睡眠時，情器世間及顯現為五妙欲外境之一切明相，皆攝入於阿賴耶之猝然空性虛空中，猶如幻象之工巧入於基界中。最後，由業力微細風息之神變（cho 'phrul）所轉，遂顯現「我」及色身之明相。由此顯現，夢中境界乃得開展 —— 器世間及其中諸法，與一切根識之覺受。由專注攀緣於此種種生起，故便有迷亂。最後，種種顯現皆攝入於阿賴耶之猝然空性中，猶如彩虹於天空中隱沒，而清醒識之明相復開展如前。』

bdag gis 'di skad zhus / bdag gi lus 'di ni snang tsam ma yin par nges par pha ma'i rgyu rkyen las byung ba yin nam snyam zhus pas / de ltar khyod kyi lus pha dang ma las byung bar snyam na / pha ma'i thog mtha' byung gnas 'gro gsum gang lags smos dang gsungs pa la / bdag gis de yod kyang mi dran pa yin snyam / pha ma med pa'i lus mi srid par sems kyi zhus pas / rmi lam dang bar srid kyi lus dang dmyal ba'i lus sogs kyi pha ma gang lags ltos shig gsungs pas / lus 'de snang tsam las ma grub par thag chod pa byung / yang kyai bla ma lags / bdag gi lus mal sar gos kyis gyogs nas mi yul dang bcas pa mi 'gyur bar gnas bzhin rmi lam gyi snang ba shar ba yin par sems 'dug gi zhus bas / bla ma'i zhal nas phyi snang ba snod kyi 'jig rten rgya che ba / nang gyo ba bcud kyi sems can grangs mang pa / bar 'dod yon lnga'i yul snang bkod legs pa'i rmi snang de lus kyi mgo dang yan lag stod smad gang gi nang du mched pa'i yul la ltos shig gsungs pas / de yang ma yin pa'i thag nges par chod pa byung yang bla ma lags / yul gzhan zhig tu rnam par shes pa song bas rmi snang shar / slar lus nang du zhugs tshe nyin snang shar ba yin snyam gyi zhes zhus pas / blas ma'i zhal nas / 'o na de ltar lags na lus 'di gnas khang lta bur 'gyur bas rnam shes 'byung 'jug byed pa'i gnas khang gi sgo lta bu de ngos zungs la smos shig / der ma zad sems kyi gnas sa yang ngos 'dzin dgos te /

於此，余應之曰：『余意始終認為：吾身非只顯現而已，蓋實為余父母因緣所生故。』

彼曰：『若云汝身由父母而來，則此父母以何為始、以何為終？又復以何為源、以何為位、以何為終結？試告余！』

余曰：『余認為彼固實有，唯余不之覺。余意具五蘊身而無父母，究屬非理。』

彼難曰：『試思維之：於夢中、中有際及地獄際等身，其父母為誰？』由是，余乃得「此身非實有，且無非乃是明相」之決定。

余續曰：『噫！上師！當吾身披衣而躺於床上，覺夢境之生起，然余身及人界則實仍如如不動也。』

上師曰：『此無上莊嚴、此廣大器世界外相之如夢境界、此中廣大有情，及於其中顯現為五妙欲之外境，如是種種，試尋其展現之處所。此處所在汝之頭？在汝四肢？在汝上身或下身耶？』

雖則余由是得「無有此處所」之決定，余仍堅曰：『上師，當余識趨於他處時，夢境即生起；當其返回自身時，則清醒識之明相生起矣，應如是也。』

上師答曰：『若如汝所說，則此身便如旅舍。如是，則試告余：此識所進出之旅舍，其門為何、位於何處？不只此也，汝尚須細認心所住之處所何在。

sems lus kyi stod du gnas na smad du tsher ma zug pa tsam gyis zug rngu ci la myong / smad du gnas na de bzhin ltod du zug rngu myong ba'i don ma mchis / dang po bug sgo nas 'byung 'jug byed pa'i rnam par shes pa phra mo de yang 'phel te lus khyab pa dang / yang mar 'grib ste bug sgo phra mo nas thon pa tsam du che chung byed pa mi rigs / de lta na bem rig bral ba'i rnam par shes pa de shi ba'i dus su yang slar bem por cis mi 'jug / yul gzhan du song ba'i rmi snang gi yul de steng 'og phyogs mtshams gang du yod / nyin snang gi snod bcud dang gcig par 'dod dam tha dad du 'dod / gcig tu 'dod na gnyid kyis mtshams bcad dam ma bcad / bcad na ni nyin snang ma yin la / ma bcad na ni rmi snang ma yin / yang na snang ba de nyid steng 'og gam phyi nang byas nas yod par 'dod pa las 'os med pa yin no / / zhes gsungs / yang bdag gis bla ma lags / des na thag gang la gcod / sa gang gis 'dzin / bla ma mchog nyid kyis bstan du gsol zhus pas bla ma'i zhal nas / tshe rabs thog ma med pa'i dus kun tu skye ma myong yang skye snang tsam du zad / 'chi ma myong yang snang ba gnas 'gyur tsam du dper na rmi snang dang nyin snang lta bur zad / mig dang rna ba sna dang lce dang lus rnams su gzugs sgra dri ro reg byar mthong thos tshor myang myong ba thoms cad rang snang rang la shar ba tsam las gzhan du spu rtse tsam yod ma myong / gal te mngon sum mig gis mthong / don lag pas zin / dbang po'i sgor myong bas gzhan rang rgyud par yod do snyam na rmi lam gyi gzugs sgra dri ro reg bya thams cad de dang de'i dus su bden par snang yang sad dus nyid nas yul med la yod ma myong pa des ston to / / tshe 'khor ba thog ma med pa'i dus nas gnas 'pho zhing 'gro ma myong / yul gzhan du sdod ma myong ba'i tshul ni / rmi lam gyi snang ba dang mtshungs su / / rmi snang dang nyin snang gi bden rdzun mi mnyam par sems na / skyes nas da lta'i

若心住於上身，當以荊棘稍刺下身時，何故具痛受？若住於下身，同理而言，則上身不應具痛受。若云彼有不同形相，以微細識自小穴入而遍全身，復縮小而於小穴中出，此說實不應理。蓋若是，則當知覺自身軀分離時，何以心識不能於死後復入於屍身之中？

此夢中影像之處所，及汝可能往之餘處所，究在何方何隅？究在上、抑在下？汝視其與清醒時所顯現之情器世間為同一，抑或不同？若云為同一，則睡眠有否設定其疆界？若有，則非醒時所知；若否，則其非夢像。此外，若執此同一之明相為實有，視之為具「上下」「內外」等分別，亦不應理。』

庚三　登決定假有法無非明相之地

余曰：『上師，然則余應具何決定？應持於何地？殊勝上師，祈開示之。』

上師答曰：『自無始時以來之生命相續，實無有「生」，而只具生之相狀而已；亦實無有「死」，蓋只有明相之轉化，猶如自夢境轉至醒境。眼、耳、鼻、舌、身之見色、聞聲、嗅香、嚐味、觸受等，無非自生，即本然自顯之現象，從無一髮尖許為實有法。

汝或謂有等事物宛然實在，因汝可以手持之，或以他根體驗之。然而於夢境中，一切色聲香味觸等皆似實有，但清醒時則覺其非實有，以外境非實有故。

無始之生命相續中，實無所謂自一境轉至另一境、或處於某一境之真實覺受。此與夢中之影像差可比擬。

bar gyi rmi snang dang nyin snang gi las ka so nams 'bad rtsol gsog 'jog thams cad mnyam mi mnyam ltos shig / de gnyis la dus yun ring thung dang / grangs mang nyung med pa'i tshul la zhib tu brtag na mtshungs par thag tsod par 'gyur ro / / der ma zad rmi snang mi bden pa dang nyin snang bden pa yin na / rmi snang 'khrul pa dang nyin snang ma 'khrul par 'gyur bas / rmi snang du sems can dang nyin snang du sangs rgyas yin par 'dod dgos / gnyis ka 'khrul snang yin na ni bden rdzun gyi khyad par yod don med de / ma yin pa la yin par snang zhing bzung ba la 'khrul snang zhes brjod pa yin pa'i phyir ro / / sngon chad ri rab zas su sos rgya mtsho skom du btung kyang da lta 'grang ba med pa dang / stong gsum gos su gyon yang dro ba med pa rnams ni snang tsam nyid las ma grub pa'i brdar shes par bya'o / / lus su snang ba 'di stong par ma shes shing de la bden par zhen pa ni skyon shin tu che pa yin te / lus 'di'i ched du 'bad rtsol gyi dbang gis rnim mkhyen gyi 'bras bu la za bas na za 'dre dang / 'khor ba nas 'khor bar kha brgyud de skye 'chi'i snang ba ston pas shi gshed / lus kyi ced du gos sogs bde ba don du gnyer zhing re dogs nyer len chags sdang gi zhen pas 'ching ste thar pa'i srog rtsa gcod pas srog gcod / gtan du bde ba'i dbugs 'phrog pas na dbugs len kyang yin / des na tshogs drug gi yul snang la shen pa thams cad ri dwags kyis smig rgyu chu ru mthong nas rgyug pa lta bu las snying po rdul phran tsam yang ma grub pa'i /

汝或謂夢像之世間極成，與醒時所顯者不同。然則試細思自汝出生至此刻之一切夢中覺受與醒時覺受，行為與職業、整治與作意、籌謀與計劃等等，試觀此一切是否平等。若將覺受加以微細分別，不計其為短暫為長時、重複次數為多為少，則汝必得夢醒覺受皆為同一之決定。

不只此也，蓋若夢像非真實，而醒時之顯現為真實，亦即夢像為迷亂境界而醒時之覺受則非是。如是則應許於夢中覺受時汝為有情，於醒時汝則為佛陀。若此二者之明相皆由迷亂所致，則對此二者作任何分別亦無意義，因「迷亂所致之明相」此一名言，實已暗指非實有而展現為似實有。

直至此刻，汝所食之量已等同須彌山；所飲之數亦如海量，然汝仍覺不飽。汝所穿衣，其量足以週匝三千大千世界，然汝仍覺未暖。故汝應知，此即指無有可建立為實有者，唯有明相而已。

己三　斷除何以須知法我空之疑（分三）

庚一　指示執身之過失，實為生起執實見之根本

若不了知展現為肉身者實空，甚而視之為諦實有者，即成大過失。此過失即饞鬼（za 'dre），因汝為此身而拋之心力實喫盡遍智之果。此過失亦為劊子手（shi gshed），因其於輪廻中，成為由一期生命至下一期之連索，令生死現象展現。此亦是殺生（srog gcod），蓋為利養此身故，汝被驅往尋求衣等諸悅樂，遂專注貪瞋，而落執常之希疑，由是斷解脫之救生索。此亦是取息者（dbugs len），因其掠取汝無盡悅樂之氣息。

是故，一切專緣於六識聚之外境者，實如視陽燄為水而追逐之鹿；從無絲毫可建立為實有。

/ yang 'di ltar stong par shes kyang sngar bzhin bden pa'i tshul du gnas pa las med du ni mi 'gro bar 'dug pas de ltar shes pa la dgos pa ci yod snyam na / bsgom bya'i ngo bo stong nyid yin par ma shes na sgom pa thams cad lung ma bstan gyi phyogs su nges pa yin / lar bskyed sgom dmigs pa gzhan thams cad kyis kyang go tsam rtogs tsam gyis grol bar mi 'gyur bas na stong nyid rtogs tsam gyis med pa'i gnas lugs mngon du 'gyur dgos pa'i rgyu mtshan ci yod / yang gdod nas stong na stong par shes dang ma shes 'dra'o snyam na / rig dang ma rig shes dang ma shes gnyis kyi khyad par las 'khor 'das dang grol 'khrul 'byung ba yin pas shes shing rig pa ni gnad du rtogs par bya'o / / yang 'ga' zhig gis rang stobs kyis ma shes na thos bsam gyis go mi chod zer ba'ng 'byung srud de / thog ma med pa'i dus nas rang stobs kyis ma rtogs nas 'khor bar 'khyam pa yin / bslab cing sbyangs pas rgyud lung man ngag thams cad dang mthun pa'i lto ba stong nyid rtogs par 'gyur ba yin pas shes par gyis shig / gzhan yang bslab sbyang sogs dka' ba chen po spyad nas stong nyid rtogs kyang rung / dka' ba spu tsam ma spyad par stong nyid rtogs kyang rung / dper na dka' ba chen po lpyad nas gser rnyed pa dang / dka' ba spu tsam ma spyad par gser mal sa nas rnyed kyang gser la bzang ngan med pa lta bu'o / / de ltar snang ba thams cad stong nyid du gtan la 'bebs pa'i dpyod byed kyi shes pa la so sor rtog pa'i shes rab ces bya shing / 'khor 'das stong nyid chen por nges par thag chod pa'i rjes shes rgyun chags pa la bdag med rtogs po'i shes rab ces bya'o / / shes rab de gnyis rgyud la bskyed nas dang po rtogs / bar du myong / tha ma gding thob par bya ba ni gnad do / / yang lus sogs snang tsam las ma grub par

庚二　斷除對此決定之錯見

復次，汝縱使了知事物之空性如是，彼仍存在如前，仍似諦實有，而非化為子虛烏有。故汝或生疑，得此見地究有何用。則汝須了知，空性正為止觀所修之精髓，若不知此，則所作之一切止觀皆無利益。

復次，汝或思言：「由修一切其他近似法之止觀及觀想而起之知見，亦不能得解脫，則何以僅了悟空性即能體證諸法自性皆非實有？若事物自本始以來即便已空，則縱知其空或非空，豈非無關痛癢？」然而，此實乃由能覺或不能覺、能知或不能知等差別，而致有涅槃或輪迴、與解脫或迷亂也。是故汝須了悟：知之與覺之，實為關鍵所在。

或諍曰：「若不能以自力了知此義，則聞與修皆無利益。」然自無始時來，汝從未以自力了悟此義，是故即於輪迴中流轉。且汝須知證悟空性，及一切密續、教授、口訣直指之見地，實經聞與修而得。

復次，不論於聞與修中經歷大難而證空性，或無絲毫困難而證空性，二者實毫無差別。此即如於歷大艱苦後得金，與於床上唾手得金，就金之自性而言，二者無有差別。

庚三　深說般若以明關鍵、證悟之方便

妙觀察智（so sor rtog pa'i shes rab）也者，指由伺察而知，得一切顯現皆空之決定。無我觀察智（bdag med rtogs pa'i shes rab）也者，指於得輪涅為無上空性之決定後而具之無間類智。關鍵即為於心相續中修證此二分般若（shes rab），生起證悟，繼而成一己之覺受，最終則得深信之成就。

薩囉哈尊者

’dod pa ni mi ’thod de / stong par rtogs pa’i gang zag zhig gi lus la me chus reg cing mad’ mdung dbyug pa sogs kyis bsnun na zug rngu ’byung bas so zer na / chos nyid zad pa’i dbyings la ma sleb kyi bar du gnyis snang mi nub / de ma nub kyi bar du phan gnod kyi snang ba rgyun mi ’chad par ’byung yang don la ni dmyal ba’i mes kyang ma tshig pas ston to / / zhes gsungs shing mi snang bar gyur to yang re zhig gi dus su grub chen sa ra ha’i zhal mjal ba’i tshe / bdag gis grub pa’i dbang phyug chen po lags / sgrib pa gang gis sbyang / lha ji ltar bsgrub / ’dre bgegs gang gis sgrol / bdag la bka’ stsal du gsol zhus pas / bka’ stsal pa / kyai skyes bu chen po khyod kyis phan gnod kyi mtshang la rgol dgos pas / sgrub pa zhes bya ba ni gzhi shong nyid kyi ngo po ma rig pa la sgrib pa dang ma rig pa dang / de brtan pa la bag chags zhes bya’o // de ni lus ngag gi dge sbyor la ’bad pa lta bu’i rtsol ba phal gyis sbyong bar mi nus te / ’di ltar so sor rtog pa’i shes rab kyis chos nyid gtan la dbab pas sgrib pa de ngang gis ’dag par ’gyur ba yin / phan byed lus ngag gi dge ba thams cad gnas gang du ’dug / bsags pa’i bang mdzod gang du mchis / byung ba’i khungs / gnas pa’i sa / ’gro ba’i yul thams cad la brtag cing dpyad pa btang bas yul med du ’dug na phan gang la btags sems nyid stong pa’i phyi nang bar gsum mgo mjug gang la phan thogs pa yod ces brtag nas yul med du thag chod tshe ’khor ba ru bsod nams bsags pa tsam du zad do /

汝或續諍曰：「執持此身與身外世界無非明相之建立，此實不應理，因證悟自身空性之眾生，於觸火或水時，或為箭、矛、棒等所擊時，皆具痛受故。」如是則可以此應之：若不能入於一切現象皆消融之法性窮盡境界，則二顯不滅，而損益之顯現亦無間生起。若如實言之，縱使地獄之火亦不燒。』

言畢，乃隱沒不見。

戊三　辨難利與害之隱患（分三）

己一　辨識生起執持利害標幟分別之因

一時，當余親見大成就者薩囉哈（Saraha）尊者之際，曾作此問：『得大自在成就者！敢問余應如何除障？如何決定定有天人？如何令魔與障等得解脫？尚祈慈悲開示。』

尊者乃開示曰：『噫！大士夫，汝須辨難利與害之隱患。何者為「障」，障（sgrib pa）與無明（ma rig pa），即指不覺知本始基之空性。何者為「習氣」（bag chags），此即無明之憑藉。凡此皆不能以身與語作善行等尋常方法清淨之。唯若以妙觀察智於法性得決定，則罪障自然消除。

己二　思維外境顯現為利害之自性（分二）

庚一　思維於來世展現具利或害之善惡行持（分二）

辛一　思維之正理

一切利樂身與語之淨善究住何處？淨善叢聚之倉庫何在？於尋伺計度彼所來之源、所住之處及所趨之地時，試思彼既非實有，則如何積聚利益？當思維於心識空性中，如何積集利益，及於何處積集利益時，不論於外、內、中或上下，汝必得彼非實有之決定；所積者，實無非為輪迴中之功德而已。

/ de bzhin du sdig pa bsags pa'i phung po phyogs mtshams gang du gda' / de'i bang khang gnas yul gang du mchis / sems stong pa'i phyi nang mgo mjug bar gsum gang du gnod byas yod pa'i tshul la brtag / da lta rtag tu lus ngag dge la sbyor ba'i skyes bu dang / tshe gcig sdig la spyod pa'i skyes bu gnyis kyi shes rgyud la zhib tu brtag na de gnyis ka'i sems kyi chags sdang re dogs nyer len thams cad la khyad par rdul tsam yang med / grol na yang shes rgyud grol bas grol / 'khrul na yang shes rgyud 'khrul pas 'khrul / gnyis ka shes rgyud ma grol bar 'gor bar 'gyam pa la khyad par spu tsam med / des na dge sdig gnyis gnas skabs kyi bde sdug bskyed pa'i khyad par tsam las 'khor ba'i snon pa kho na las ma 'das so / / 'de ltar dge ba gtan la ma phab na rnam par grol ba'i lam dang / gnas skabs bsod nams bsags pa'i dge ba gnyis nor nas rnam mkhyen gyi 'bras bu mi 'thob sdig pa gtan la ma dbab na rang ngo rang gis ma rig pa nyid sgrib pa dang 'khrul gzhi yin par mi shes nas 'khrul pa'i rgyu ngos mi zin / des 'gor ba mtha' med du 'khrul pa las 'os med pas gtan la dbab pa gnad du shes par bya'o / / yang phan skyobs kyi lha zhes bya ba rnams dang po byung la bar du gnas sa tha ma 'gro sa gsum la brtag pas yul med pa dang / dbang po'i yul du snang ba'i gzugs sgra dri ro reg bya gang gi yul du grub / snod bcud kyi 'byung ba'i gmas shig tu yod par sems na rnul dang rdul phran cha med kyi khongs su brtag / 'byung ba rang rang gi ming dang dngos po'i tshul la'ng brtag

同理，惡行所積者究在何處？其倉庫又何在？則試思維其對心識空性，無論於外、內、上、中、下，能作何種損害。

恆作身語善行之眾生，與一生恆作惡行之眾生，若仔細思維其心相續，則知此二者之心性，就恆具貪、瞋、希、疑等而言，實無絲毫差別。若彼能得解脫，實因其心相續得解脫故。若彼迷亂，則實因心相續迷亂故。然前述眾生之心相續無一種得解脫，故就流轉於輪廻而言，無毫髮尖之不同。如是，善行惡行因能生起剎那苦樂，雖有短暫之分別，然實無非輪廻之延伸而已。

辛二　須思維之原因

若對善行不能生此決定見，則於圓滿解脫道、與積集剎那功德善行二者，定生迷亂，不能得遍智果。若於惡行不能生決定見，則不能了知汝之無明自性，實乃生起罪障及為惑亂之基，由是而不能知惑亂之因。此唯令汝之惑亂於輪廻中永恆不斷，是故須知得此決定見實為要義。

庚二　思維於此生展現具利或害之本尊及魔障（分二）

辛一　思維之正理

復次，若細思「具利益與依怙本尊」之本源、經歷之地及所趨之處，則知彼等非實有。於根識所顯之色、聲、香、味、觸諸法中，本尊究竟於何處可立為實有？若謂其存在於構成情器世間之一大種中，則試思維此大種細至塵或微塵，復思維此等大種之各各名相與實有之理。

/ lha des phan ji ltar btags pa'i tshul dang / gnod byed kyi 'dre yang de ltar zhib tu brtag pas yul med du shes par 'gyur ro / bde ba dang sdug bsngal thams cad sems kyi snang nyams rmi lam lta bu las lha 'dres phan gnod gdag gzhi'i steng nas ci yang ma byung ngo / / 'dres gnod pa byed pa yin snyam na gzugs sgra dri ro reg bya'i yul las 'das pas 'dre zhes ming tsam du zad pa des gnod ji ltar byas brtag pas yul med du stong pa las yod par ma mthong / mi rnams 'khrul pa'i dbang gis rang lus stod smad la'ng bzang ngan du bltas te khog stod gtsang mar snang nas lha ltar 'dzin / khog smad btsog par snang nas 'dre ltar 'dzin pa'i tshul gyis re dogs rgyun mi chad par 'byung ba dang / bdag 'dzin gyi 'ching ba dam po'i stobs kyis bde stug gi nyams rgyun mi chad par 'byung ba thams cad 'khor ba'i snang nyams kho na las gzhan du bden par hrub pa rdul tsam med pa ni dpe rmi lam kho nas ston do / / 'di'i gnad don yin lugs shes pa ni sgom pa'i gegs sel yin te / sgom pa la yid mi ches shing blo mi gtod pa'i gegs thams cad sel nas chos nyid kyi don la yid ches shing the mi tshom pa'i gding thob par 'gyur ba dang / ma rig pa'i sgrib pa dang bral nas rig pa'i yo langs chen por dbang bsgyur bar byed do // zhi byed bdud gcod zab mo'i rtsa ba'ng yin te / rang rig las lha gzhan du mi 'tshol / rnam rtog las 'dre gzhan na med par thag chod par 'gyur bas / de ni sgrub pa dang gto yas gtong ba thams cad la'ng 'di med thabs med pa yin te / de ltar shes na chos thams cad sgyu ma lta bur rtogs pa'i sgyu ma'i rnal 'byor chen por nges pa'o /

由數數思維本尊如何具利益、魔障如何具損害，則能了知彼非實有。一切苦樂，皆為明相之體驗，如夢展現於心，依基而生，施設為「利」或「害」之法，無一為本尊或魔障所生。

若謂魔障能生損害，則思維僅一「魔障」之名相施設如何能生損害，蓋此名相非為色、聲、香、味、觸等外境。汝不見任何實有，唯見空性及非實有。

辛二　指示迷亂相即為無間覺受之誤認

眾生因迷亂力，就其上下身分別為善與惡。上身似清淨，故視之為本尊；下身似不淨，故視之為魔障。由是希疑遂無間而生，復由我執之力，苦樂等剎那覺受亦無間而生，此皆無非輪迴之明相體驗，無絲毫可建立為實有法。此如夢喻。

己三　指示及讚嘆證悟之重要

要義為了知上述種種本來如是之理。此即成修持中除障之方便。因對修持起信受而生之一切違緣悉皆消除；由是了悟法性真實義，成就了無疑懼之深信。由離本覺之無明障礙故，汝即能主宰本覺之種種廣大展現。

此亦為希解派（zhi byed）及斷魔派（bdud gcod）之甚深根見。除體證本覺外，勿尋任何本尊。汝將得除妄念外，別無所謂魔障之決定。對一切目的為排拒違緣之成就法及儀軌而言，此見地實不可少。若具此見地，必為幻化廣大瑜伽士，因知一切法皆虛妄故。

大吉祥金剛手

/ kyai sems med rig pa'i khye'u chung khyod kyis 'di gdul bya rnams la ston dang nges gsang theg pa chen po'i rnal 'byor pa sha stag 'byung srid do / / zhes gsungs shing mi snang bar gyur te yang 'od gsal dag pa'i snang ngor dpal chen phyag na rdo rje'i zhal mjal pa'i tshe / bdag gis 'di skad zhus / kyai rgyal ba rdo rje 'chang chen po sangs rgyas zhes bya ba rang thog tu rang sangs rgyas pa yin nam / gzhan zhig gi yul du 'tshang rgya bar 'gro rgyu yin nam / zhus pas / bka' stsal pa / kye ho skal ldan rigs kyi bu / sangs rgyas zhes bya ba yul yangs pa chen po zhig na mi rje gzugs bzang ba mthong na mi mthun pa med pa zhi ba bsul ba dwangs pa rnyogs pa dang bral ba mdzes sdug blta bas chog mi shes pa zhig gi tshul du yod par sems na de'i pha ma gang lags / ma las skyes na skye ba'i mtha' can / gnas na gnas pa rtag pa'i mtha' can / 'gag na snang med chad pa'i mtha' can te / mdor na skye 'gag gnas gsum tshugs thub bden grub kyi ngo bor yod phan chad mtha' gnyis dang bral ba'i gnas lugs zhig yod thabs med de / ji ltar snang ba 'di dag skye 'gag ltar snang ba ni btags pa kho nar zad do / / yar dag pa rnam byang gi phyogs su yang bden par bzung na rang gis rang nyid 'ching bar 'gyur gyi / 'khor 'das kyi chos nyid la mi 'dra ba'i khyad par zhig yod na srud zhi mnyam nyid kyi gnas lugs zer ba'ng kha tsam du bas shing / mang po zhig myang 'das rang mtshan par zhen nas re dogs kyi gzeb tu 'jug mod / dag pa'i zhing du longs spyod rnam pa grangs mang la / bkod pa rgya che ba'i khyad par du byas nas dngos po rang mtshan du 'dzin na de'ng chos kyi bdag 'dzin du 'dug go / de bzhin gshegs pa ther zug dang bden grub tu lta ba de ming ji ltar btags kyang don la gang zag gi bdag tu lta ba las ma 'das /

噫！無凡夫心之本覺童子！以此調伏有情，彼或能成決定秘密大乘瑜伽士。』

言畢，遂隱沒不見。

戊四　破希疑之假穴（分三）

己一　破尋實有佛道及其淨土之假穴為希求之對境（分三）

庚一　遮撥以佛道及其淨土為極致之實執

一時，於光明清淨中，余得見大吉祥金剛手（Vajrapāṇi）。

爾時，余問曰：『噫！勝利王大金剛持。佛道是否即至余此際之境界而證覺解脫，或另有所趨之處而成正覺？』

彼答曰：『稀有！具福種姓子！汝或思「佛」也者，為實有之尊貴眾生。具聖者相，寂靜清涼、澄明離垢、慈悲莊嚴、看而不厭，住於廣大之地。若是，則此佛之父母為誰？若由母生，則為因所縛；且佛若住，則為恆常所縛；若滅，則縛於斷滅之無有而虛幻。

概而言之，若建立一實有自性，則彼之生、住、滅三相，實不能有離二邊之實相。此等明相，不論作任何生滅起伏顯現，皆無非名言施設。

復次，若執無垢及清淨分為實有，則汝將自縛。若輪迴及涅槃之法性確有不同，則所謂「有寂平等性實相」便無非空話。不少人視涅槃為性相實有，此則為陷於希疑之中。剎土之樂雖多有記載，然若但專注於此廣大莊嚴之細節，由是而視為性相實有之實法，則汝仍只視一切法為自性有而已。

sangs rgyas la mig yod par sems na mig gi rnam par shes pa yang yod / mig gi rnam par shes pa grub tsam nas gzugs su snang ba mi mched pa'i thabs med pa yin / de ni mig gi gzung ba yul zhes bya ste / de ltar grub phan chad gzugs nyir len gyi sems rtog phra mo zhig mi 'byung ba'i thabs med / de ni mig gi 'dzin pa sems te / gzung 'dzin gnyis su rtog pa la sems zhes bya bas sems gang la yod pa de la sems can zhes bya'o / / de bzhin du rna ba yod par sems na de'i rnam par shes pa sgra dang bcas pa dang / sna yod par sems na sna'i rnam par shes pa dri dang bcas pa dang / lce yod par sems na lce'i rnam par shes pa ro dang bcas pa dang / lus yod par sems na lus kyi rnam par shes pa reg bya dang bcas pa thams cad de rnams kyi gzung yul yin te / de dag nye bar len pa'i rtog tshogs rnams ni de dag gi 'dzin pa sems te / snga ma bzhin sems gang la yod pa de la sems can zhes bya'o / / sangs rgyas zhes gzung 'dzin las ma 'das pa'i sangs rgyas zhig yod par srid na de'i yon tan sems can la 'zug pa'ng mi dang mi lta bu'o / / sangs rgyas kyis gzhan la chos ston par sems na ston pa po bdag dang / bstan bya'i chos dang / ston yul sems can du snang zhing 'dzin pa yod na de ni sems can las 'phags pa'i khyad chos tel 'bru tsam yang med pas thams cad sems can no / / yul khams bde ba / gzugs mdzes pa / mdza' grogs legs pa / longs spyod dang bde skyid che ba / khro ba dang chags pa med pa rnams khyad chos yin par sems na de yang gzugs khams kyi lha las mi 'phags pas sems can no / nges pa'i don du rang gi gzhi kun tu bzang po ni dus gsum gyi bde bar gshegs pa zhes bya ba yin no / / don dam par sangs rgyas 'jig rten du byon ma myong ba dang / chos ston ma myong ba ni rgyud lung man ngag mang por gdul bya rang snang gi ston pa rang la shar ba yin pa'i tshul gsal bar gsungs pa la ltos shig / rtogs shig /

庚二　思維五根及其對境，並遮撥其為實有

不論名言如何施設，「視如來為恆常故立之為實有」之見地，實無能勝於「人我實有」之見地。若為佛建立眼識，則必有由明相生起之色，此即名為「眼所取」及「外境」。此等外境一經建立，則心識之微細分別思維生起，由是遂有對色之近取，此即名為「眼能取」及「心」（sems）。此能所二取名之為「心」，而一切具「心」者則名為「有情」。

同理，若云佛有耳，則必有耳識及由耳所聞之聲；若有鼻，則必有鼻識及香；若有舌，則必有舌識及味；若有身，則必有身識及觸。此皆為識所緣之外境。近取識之所緣而思維分別，則成心識，即識之能取，如前所述：凡具心識者皆名為「有情」。

至於「佛」也者，若佛之境界不能超越能所二取，則此境界中之功德，應可持付諸有情，一如世俗功德，甲可付之與乙。

汝或謂諸佛為有情說法。然諸佛若視自身為師、「法」為所說之事、有情為所說之對象，則諸佛與凡夫有情即無一芥子之分別，蓋彼等皆全為有情矣。若汝思佛之功德具足樂境、莊嚴、善知識、廣大財富及慈悲、且無貪與瞋，汝則仍以有情視佛，其功德不稍殊勝於色界之天人。

庚三　以勝義及究竟辨佛

就了義言之：汝之本始基，至尊普賢，即「三時善逝」之意。故勝義諦中，實無佛降世間或說法等事。眾多密續、教授及口訣直指中，均已說明內自顯現之導師，對所調伏有情示現之理，祈細領悟之。

yang 'khor ba'i gnas rigs gzhan yod cing grub ste sems can mang po yul de ru song zhing kha brgyud nas bde sdug myong bar sems na de yang mi rigs te / snga ma'i lus rten shul du bor bar snang ba bden na bar srid kyi lus de gang nas lon / deng sang gi sems can rnams lu rma dang rkang lag tshig pa tsam dang / dgun nyin zhag re tsam gyi grang lhag gis 'chi bar 'gyur na / dmyal ba tsha grang myong byed kyi lus grub nas btso bsreg sogs yun ring byas kyang mi 'ci ba de ci'i phyir yin / de bzhin du deng sang zla shas zhag shas tsam du mu ge byung bas 'chi srid na / yi dwags kyi sems can bskal par mu ges cis mi 'chi / des na 'gro ba rigs drug gi sems can bar srid dang bcas pa thams cad rmi lam gyi snang ba mched pa lta bur snang tsam las ma grub cing stong pa yul med pa la bden zhen skyes pas 'khrul pa yin / de star 'khrul snang gtan la phab nas bden med stong pa yul med du rtogs na 'khor ba dong nas sprugs pa yin / sangs rgyas rang gzhi las med par thag chod de rang la rang gding thob par byas na sangs rgyas du ma rang grol zhes bya ba'i ming don gyis thob pa yin no / / kyai nam mkha'i dbang phyug kun khyab rdo rje khyod kyis 'khor 'das kyi chos thams cad cang med stong pa ru gtan la phab nas med pha'i rang bzhin rtogs par gyis shig / ces gsungs shing mi snang bar gyur to /

己二　破尋實有輪廻及其苦樂之假穴為疑懼之對境

復次，若思維於輪廻中，別有其他依止之處、或竟建立之為實有，而無數有情皆輪番趨於該處歷受苦樂，此實非理。身之明相，此即前生心識所作之餘業，若為真實，則有情自何處取死亡與再生間之中有身？若與余等同一境地之有情，可僅因手足受傷而致命、或可因受冬日寒風而喪命，則何以一旦生於地獄，即可歷受寒暑，縱火燒水燙，此身亦可不死？同理，若余等可因數月甚或數日之飢餓而殞命，則餓鬼道有情，何以能歷無數劫之飢餓而不死？

是故，一切六道有情及中有，皆因執明相為實有而致迷亂，然彼等實亦只如夢像之展現而已，除顯現、空性及非實有外，無可建立。

己三　指示及讚嘆證悟之重要

若汝對由迷亂而生之明相，能生決定見，了知明相諦無、為空性及非實有，則可謂已填平輪廻之深窟。由生起「正等覺無非內本始基」之決定，及由此而生之內自信，則能成就所謂「諸佛自解脫」矣。

噫！虛空自在遍入金剛，汝須得「輪湼一切法皆空而非實有」之決定，並須體證其無有自性。』

言畢，遂隱沒不見。

金剛具力

金剛持

de ltar bdag gis yun ring por gtan la phabs nas med par thag chod pa byung zhing snod bcud kyi snang ba thams cad rang ngos nas stong par shes kyang stong pa grangs mang ba lung ma bstan du yod pa'i skabs shig na / che mchog rdo rje gro lod 'khor 'das stong nyid kyi rol par ston pa'i hūṃ glu gyer ba zhig gi zhal mjal ba'i tshe bdag gis / kyai lhag pa'i lha mchog chen po lags / ngas 'khor 'das stong nyid du go yang stong pa phan med gnod med du 'dug pa 'di cis lan pa yin / ces zhus pas / kyai skyes bu nam mkha'i dbang po gyod kyis 'khor 'das thams cad stong pa nyid du 'gags sdoms shig / stong pa nyid ngo bo nyid du 'gags bsdam par gyis shig / ngo bo nyid gzhi ru 'gags bsnam par gyis shig / 'khor 'das gzhi'i rol par 'gags sdoms shig / 'khor 'das kyi spyi chings gzhi nyid du 'gags bsdam par gyis shig / rgya mtsho'i gza' skar rgya mtsho / snod bcud nam mkha' / 'khor 'das chos nyid rnams kyi rol pa dang / chings pa dang / chos nyid khyab cing brdal ba dag dpe dang dpe can yin pa'i ngang tshul shes par gyis shig / des 'kyor 'das 'ub chub kyi rnal 'byor par 'gyur ro / / zhes gsungs shing mi snang bar gyur to / de nas yang lo khyim bdun gyi rjes su rmi lam dag pa'i snang ngor chos sku'i ston pa rdo rje 'chang gi zhal mjal ba'i tshe bdag gis / kyai ston pa bcom ldon 'das thar pa dang rnam mkhyen gyi lam du ji ltar grol ba dang / ma dag pa 'kyor ba'i lam du ji ltar 'khrul pa yin / ston pa nyid kyis bstan du gsol / ces zhus pas bka' stsal pa / kyai skyes bu cen po khyod nyon cig / sangs rgyas dang sems can gnyis ka rig dang ma rig gnyis kyi khyad par las byung ba yin te /

丙二　總歸本始基為唯一自生智（分三）

丁一　總歸此本始基之正理

如是久之，余乃得「無實有」之決定見。然余雖了知情器世間一切明相本性皆空，唯空性萬象則似無記。此時，余得見殊勝金剛具力（rDo rje gro lod），正唱頌「吽之歌」，揭示輪迴涅槃為空性之展現。

此際余曰：『噫！廣大殊勝之本尊。余雖知輪涅皆空，唯此空性卻無利益亦無損害。何以故？』

本尊答曰：『噫！士夫！虛空主！滅除一切輪迴涅槃至空性；滅除空性至體性；滅除此體性至本始基；滅除輪迴涅槃至此本始基之展現；復滅除輪涅之共相至此同一本始基。

海中映現之星辰，無非海之顯現；情器世間即以虛空為母胚。法性周遍與展現於輪迴及涅槃中。思維此等譬喻所指，則能成總歸輪涅瑜伽士。』

語此，即隱沒不見。

丁二　指示解脫與迷亂如何自此本始基展現（分二）

戊一　略說

七年後，余於清淨夢境中，得見法身上師金剛持（Vajrahara）。

爾時，余問曰：『噫！上師！無上成就主！敢問余於解脫道及遍智道上如何解脫？於輪迴道上如何迷亂？祈上師開示。』

上師因問而答曰：『噫！大士夫！當諦聽之：佛與眾生，兩境差別，只在明與無明而已。

gzhi gdod ma'i mgon po kun tu bzang po nyid ni sku bzhi ye shes lnga'i bdag nyid can no / / ngo bo stong pa chos sku / rang bzhin gsal ba longs sku / thugs rje rang grol ba sprul sku / 'khor 'das kun la khyab cing brdal ba ngo bo nyid sku'o / chos thams cad go 'byed pas chos dbyings / dwangs gsal rnyog ma dang bral bas me long / 'gor 'das dag mnyam gyi rol pa mnyam nyid / mkhyen gzigs ye shes kyi go ma 'gag pas sor rtog dag grol gyis bya ba grub pas bya grub bo / de star rang byung gi sangs rgys su grol ba'i sam rig pa yang sku bzhi ye shes lnga'i bdag nyid can mngon du byed pa ste / rig pa'i ngo bo khyab gdal nam mkha'i khor yug yul med zang thal chen po gzhi med rtsa bral gyi rol pa de nyid sbros pa dang bral bas chos sku / rang bzhin rang gsal gyi cha nas longs sku / ye shes kyi gsal sgo ma 'gag pa'i cha nas sprul sku / 'gor 'das kyi spyi gzhir gyur pa'i cha nas ngo bo nyid sky'o / / gzhi gtan la phab nas 'khor 'das chos nyid kyi dbyings su ro gcig pa'i ngang tshul rtogs pa chos dbyings ye shes / stong pa bem stong du ma song bar dwangs gsal rnyog ma dang bral zhing cir yang 'char du rung ba me long gya' bral lta bu la me long ye shes / 'khor 'das stong nyid chen por dag mnyim du yod pa'i ngang tshul shes pa mnyam nyid ye shes / rig rtsal so sor rtog pa'i ye shes kyi gsal sgo ma 'gag pa sor rtog ye shes / rig pa la rang dbang bsgyur bas dag grol gnyis sdan gyi bya ba rang grub pas bya grub ye shes so /

戊二　廣釋（分二）

己一　涅槃邊之功德如何為自生本有（分四）

庚一　四身五智如何於本始基中本然圓滿具足

本始基，即本始怙主普賢王如來，具四身及五智。其體性為空性，此即法身；其自相為光明，此即報身；其大悲為自解脫，此即化身；圓滿周遍於輪迴及涅槃，即自性身。

因一切法之開展，故有法界體性智；因其為光明及離垢，故有大圓鏡智；因輪涅皆為平等清淨之展現，故有平等性智；因無間通達諸法自性及其別相，故有妙觀察智；因一切法皆以解脫及清淨以成就之，故有成所作智。

庚二　四身五智如何於道中本然自生

如是，自生正等覺中之解脫道，實由本覺現證四身及五智。本覺之體性，周遍虛空界，然非實有；其展現廣大無間，離基離根。因遠離戲論，故為法身；以其自相具自光明，故為報身；以其本智光明能無間顯現，故為化身；以其為輪迴涅槃之共同本始基，故為自性身。

於本始基一旦生決定見，法界體性智即證悟於法性界中，輪迴涅槃都成一味。空性非是虛無，實為光明離垢，有如能生起一切之明鏡，此即大圓鏡智。平等性智者，乃了知輪涅於無上空性中皆為平等清淨。妙觀察智者，即本智能起無間觀察光明而成本覺之力用。由本覺得自在，故一切所作皆於清淨及解脫中法爾成就，故有成所作智。

/ 'di'i yin lugs ji lta ba bzhin du mi shes shing sems rig gi dbye ba ma phyed pa'i shes pa bzo med lam du byed pa mang yang / de rnams ni phyi snang ba la lung ma bstan dngos po mtshan ma can du bzung / nang rang lus la lung ma bstan rtag pa dngos 'dzin gyi 'ching bas dam du 'gyud / de gnyis kyi bar lta bur shes pa gsal rig go ma 'gag pa tsam la brtan pa thob kyang khams gong ma gnyis su 'phen byed kyi dge bar 'gyur srid pa tsam las thar pa dang rnam mkhyen gyi go 'phang mi 'thob pas skyon dang bcas pa yin / 'khor 'das kyis bsdus pa'i chos thams can chos nyid de bzhin nyid kyi ngang du ro gcig pa'i ngang tshul ji lta ba bzhin du shes pa la ji lta ba shes pa'i shes rab / rig pa'i ngo bo de'i ngang du gdas kyang kun shes kun rig gi shes pa go ma 'gag par rang byung ba ni ji snyed pa shes pa'i shes rab ste / de ltar go ma 'gags kyang yul l mi 'jug pa ni dper na dngul chu'i thig pa sa la lhung ba lta bu'o / / sems ni 'khor 'das rang rgyud par blta zhing snang ba la dngos por 'dzin pa gzhi'i gnas lugs ma rig pa'o / / de las sems byung gi rtog pa skye 'gag can yul dang 'dres par byung ba ni sa skam du chu thig babs pa lta bu'o / / gzhi la rang dbang bsgyur ba dag pa gzhi'i sangs rgyas kyi rang zhal ma rig pas bsgrib pa las gzhi'i ngang mdangs kyi sku dang ye shes thams cad nang mdangs su nub ste phyi gdangs phyi ru 'phos te 'od lnga'i rnam pas 'byung lnga'i rol par mched pa'i tshul ni /

庚三　釋如何於不醒之心中整治為道而遂致迷亂

眾人皆不了知此本然如是之理，反而入於令覺性無所作為之道，不能分別心識與本覺。對外而言，彼等執明相為實有且屬無記，並有定性。對內而言，則受縛於其身為實有之見，而此身亦為無記及恆常。彼等或於此二端得穩定覺受，然此實無非為具光明與覺性之無間識境界。雖或能因此生起功德，令其往生於較佳之二善道，但卻不能達解脫及遍智之境界。以此便成過失。

庚四　辨識般若相對於凡夫心識及心所，以了知證與無證之別

「了知法性如所有智」，指如實了知於輪迴涅槃中所聚集之一切法，於如如法性中皆是一味。「了知盡所有智」，指雖住於本覺體性中，但有無間遍智與全知自生起。雖云無間，然實不執外境。此則如水銀瀉於地上。

凡夫心識視輪涅為自相續，及執明相為實有法，於本始基之實相遂生無明。心所由是而有生滅，遂與外境相混。此則如水落焦土。

己二　輪迴幻相之展現如何驟然流布（分三）

庚一　五大種顯現如何向外流布

佛道根基之本來面目，即清淨境界，且於本始基中得自在。當其為無明所障，則由一切身與智所成之本始基自性光華，遂隱沒為內光華，其外顯光明則因五光之放射而有五大之展現。

chos dbyings ye shes ma rig pas bsgrib pas phyi gdangs 'od mthing du snang pa nang 'byung dang nam mkha'i dwangs ma 'byung chen zhes bya ba yin / 'od la bden 'dzin dngos zhen skyes pas nam mkhar snang ste de la phye 'byung dang 'byung phran snyigs ma'i snang ba zhes bya'o / / me long ye shes ma rig pas bsgrib ste nang mdangs su nub pas phyi gdangs 'od dkar po'i kha dog tu snang ba chu'i dwangs ma dang 'byung chen nang 'byung / de la dngos 'dzin bden zhen skyes pas chu ru snang ba snyigs ma dang 'byung phran phyi 'byung / mnyam nyid ye shes ma rig pas bsgrib ste nang mdangs su nub pas phyi gdangs 'od ser po'i ga dog tu snang ba sa'i dwangs ma dang nang 'byung 'byung chen / de la dngos 'dzin bden zhen skyes pas sa ru snang ba snyigs ma 'byung phran phyi 'byung / sor rtog ye shes ma rig pas bsgrib ste nang mdangs su nub pas phyi gdangs 'od dmar po'i kha dog du snang ba me'i dwangs ma dang nang 'byung 'byung chen / de la dngos 'dzin bden zhen skyes pas me ru snang ba snyigs ma 'byung phran phyi 'byung / bya grub ye shes ma rig pas bsgrib ste nang mdangs su nub pas phyi gdangs 'od ljang gu'i kha dog tu snang ba rlung gi dwangs ma dang nang 'byung 'byung chen / de la dngos 'dzin bden zhen skyes pas rlung du snang ba snyigs ma 'byung phran phyi 'byung zhes bya'o / / 'od gdangs de dag nang na gnas pa'i rkyen las kha dog sna tshogs dang 'byung ba lnga'i snang ba rgyun mi chad par snang ba yin no /

當法界體性智為無明所障，其外顯光明顯現為藍光。此名為「內種」或「大種」，即空大之精華。當執持此光明為實有，則顯現為虛空。此則名為「外種」或「次種」或「顯濁」。

當大圓鏡智為無明所障而隱沒為內光華，其外顯光明顯現為白光。此即水大之精華，亦名為「內種」或「大種」。當執持此光明為實有，則顯現為水。此即是顯濁，名「次種」或「外種」。

當平等性智為無明所障而隱沒為內光華，其外顯光明顯現為黃光。此即地大之精華，亦名為「內種」或「大種」。當執持此光明為實有，則顯現為地。此即是顯濁，名「次種」或「外種」。

當妙觀察智為無明所障而隱沒為內光華，其外顯光明顯現為紅光。此即火大之精華，亦名為「內種」或「大種」。當執持此光明為實有，則顯現為火。此即是顯濁，名「次種」或「外種」。

當成所作智為無明所障而隱沒為內光華，其外顯光明顯現為綠光。此即風大之精華，亦名為「內種」或「大種」。當執持此光明為實有，則顯現為風。此即是顯濁，名「次種」或「外種」。

彼等光明之因緣既為內住故，是以此種種色之明相與五大，遂無間相續而顯現。

/ 'khrul pa'i gzhi lnga de dag gi rtsal du shar ba ni 'di lta ste / gzhi ma rig pas bsgrib pa las kun gzhi mtshan nyid pa bem stong nam mkha' lta bu ci yang mi sems shing mi snang ba ste / dper na gnyid 'thug po dang brgyal ba'i gnas skabs lta bu'o / / de'i ngang du 'byams klus pa ni gti mug gi ngo bo ste ma rig pa'i yo langs chen po'o / / de las bskal pa las kyi rlung 'gul ba ni phrag dog gi ngo bo yin / de'i byed las kyis stong pa las gsal cha thon pa kun gzhi'i rnam shes te zhe sdang gi ngo bor gnas pa yin / de las bdag snang tsam la ngar 'dzin skyes pa nyon yid de nga rgyal gyi ngo bor gnas / de las yid langs te gzhi bem stong la snang ba mched rung gi nus pa bzhag cing gsal cha bton pa 'dod chags kyi ngo bor gnas pa yin / de dag thams cad nang mdangs las ngo bo lnga phyi rtsal du shar ba yin / dug lnga'i ngo bo me lta bu las nyon mongs pa'i rtog tshogs me stag mched pa lta bu'o // de ltar kun gzhi dang yin mnyam par brdal ba'i stong gsal gyi cha la snang ba mched pa'i yul go ma 'gag par yod pa las / las rlung gyo ba'i rkyen dang rgyu gzhi 'char rung gi nis pa can gnyis ka rgyu rkyen dus 'dzom pa las gzhi la brten cing gzhi rang las mi gzhan par 'brel ba'i tshul gyis gzugs su snang ba sna tshogs mched pa ste / gzugs snang mched pa'i yul gang yin pa de la mig gi rnam par shes pa zhes tha snyad tsam du brjod pa'o / / des na snang yul rgya mtsho lta bu la yul dang / gzugs snang gza' skar lta bu la gzung ba zhes bya'o / de las 'dzin pa yid kyi rnam shes phra mos gzugs de la ming btags don bzung dngos por bltas te bde sdug bar ma gsum nye bar len pa'i rnam par rtog pa shar ba ni mig gi 'dzin pa sems zhes pya'o /

庚二　八識聚及其對境如何流布於內

下來所說，為明五重迷亂基之力如何生起。由無明而令本始基被障者，殆為阿賴耶（kun gzhi）無疑。阿賴耶如瓶中之頑空，無思亦無明相顯現，有如昏睡或失知覺境界。完全沉滯於此境界者即「癡」（gti mug）之自性，亦即無明之廣大流轉顯現。

由此境界，業力風息晃動，此即嫉妒之體性，其功用為令一光明分於空性中生起，此即阿賴耶識（kun gzhi'i rnam shes），住於瞋之體性中。復次，亦由此而有污染意（nyon nyid），即因有自身之顯現而執「我」見，此則住於慢之體性中。由此復有「意」（yid）之生起，此即於本始基空性中生起明相之基礎。光明分由此而生，此則住於貪之體性中。凡此皆為內光華向外放射，而成五體性生起之力用。五毒之自性如火，於中煩惱之思維則如火花四濺。

如是，於阿賴耶及意識之空分及明分中，遂同時有於中展現明相之無間外境生起。以業力之風息晃動為緣，而具生起事物功能之本始基則為因。此因與緣同時會合，無量數明相依止於本始基生起，顯現為色法，此亦無非本始基而已。色法所現之外境，世俗名之曰「眼識」。

是故，「外境」者，指顯現明相之環境，此則如海。「所取境」者，指顯現為色法之明相，此則如星辰之倒影。復次，因意識能攀緣此等標幟，加以分別，並視之為實有法，故有能取，且具三種近取虛妄分別，即苦、樂及無記。此則名為「眼所執心」。

/ de bzhin du sgra mched pa'i yul go ma 'gag pa la yul dang / sgra ru snang ba mched pa la gzung ba dang / nyer len yid shes la 'dzin pa sems zhes bya ste / gong ltar rgyu rkyen tshogs pa'i rten 'brel lo / / de bzhin du dri ru snang ba mched pa la sna'i rnam par shes pa dang / ro ru snang ba mched pa la lce'i rnam par shes pa dang / reg bya'i snang ba mched pa la lus kyi rnam par shes pa rnams ming tha snyad tsam du brjod pa las bug sgo tha dad par snang ba ma yin par rmi lam dang bar srid kyi knang bas ston to / / 'ga' zhig gis snang ba sems su 'dod cing phyi rol gyi snang ba thams cad rnam rtog dang rang sems dngos yin nam snyam du sems kyang de star ma yin te / snang ba rnams snang tsam nyid nas gnas 'gyur te skad cig snga phyi'i rim pas 'gag nas 'gro ba la / sems ni de dang de'i ngo bor 'phos te rang nyid sems med du ma song ba des ston to / / de star tshogs brgyad kyi snang ba lugs su 'byung bas 'khor ba yongs su mched / yang kun gzhi'i rnam shes kyi bar lugs su ldog pas srid pa'i rtse ru dub pa yin no / de ltar snang srid 'khor 'das thams cad gzhi rang las mi gzhan par gzhi nyid du ro gcig pa dper na rgya mtshor gza' dang rgyu skar gyi gzugs brnyan sna tshogs snang yang don la chu nyid du ro gcig pa lta bur shes par gyis shig / snang ba thams cad rang snang du ston pa rdo rje 'chang gi man ngag go / zhes gsungs shing mi snang bar yal lo /

同理，「外境」者，指顯現聲音之無間環境。「所取境」者，指顯現為聲法之環境。「耳所執心」者，指意識所緣之三種分別。同上，因與緣二者互相觀待依存。

同理，鼻識者，指明相生起為香；舌識者，即明相生起為味；身識者，指明相生起為觸。雖以名言形容之，然識等實非顯現自不同穴口，此則可以明相亦於夢中及中有際作顯現而為證。

庚三　本節要義略說

有等或執明相即心。彼思疑究竟一切外明相是否即虛妄分別，故即是心。此實非理，蓋明相雖於顯現剎那際已轉化，並於後際之剎那相續中流逝，然心識實不通達此流轉現象之體性，成就如心性之非實有。

明相既以此次序於八識中顯現，由是遂有輪迴之生起。若追溯此次序至阿賴耶識時，則仍受縛於三有之頂。

丁三　本章要義略說

是故，一切輪迴涅槃中之萬物，無非即本始基而已，復與此本始基為一味。舉例言之：於海中無量數映現之星辰，實與海水為一味。了知一切法皆如是。「一切明相皆自生顯現」者，實為金剛持之口訣。』

言畢，遂隱沒不見。

大持明吽迦囉

/ yang dus re zhig gi tshe rig 'dzin chen po hūṃ chen ka ra'i zhal mjal ba'i tshe / bdag gis snang ba'i bkod pa 'di ji lta bu lags zhes zhus pas / bka' stsal pa / kyai skyes bu chen po sgo lnga'i rnam shes nam mkha' lta bu cir yang mched du rung ba dang / rnam par rtog pa sgyu ma'i rdzas sngags lta bu gnyis dus 'dzom pa las snang ba' bkod pa sgyu 'phrul lta bur 'byung ba yin la / nyer len gyi shes pa ni ltad mo mkhan lta bu'o / / des na mchod rdzas dang sbyin pa'i rdzas thams cad sgyu ma'i rdzas lta bu dang / lbyang sngags kyis stong nyid du sbyangs nas spel sngags kyis mchod sbyin gyi yul gang yin pa de'i dbang po drug gi yul du 'dod yon gyi snang ba dpag tu med pa mched par byas te mnyes par byed pa sgyu ma lta bu'i rnal 'byor gyi sgo dang / yang sgyu ma lta bu'i rnal 'byor gyis sprul pa lta bu'i sems can la dri za'i grong khyer lta bu'i snang yul bkod de rmi lam lta bu'i dmigs bsgyur gyis bsgral 'dren sogs byed pas sgyi ma'i rnal 'byor chen por dbang bsgyur ba'o / mtsho la gza' skar ji ltar mang yang chu nyid kyis chings pa dang / snod bcud ji ltar mang yang nam mkha' gcig gis chings pa dang / 'khor 'das kyi snang ba ji ltar rgya che la grangs mang yang sems nyid gchig gis chings pa'i tshul la ltos shig /

丙三　納輪涅於一，無間且離偏及離邊（分二）

丁一　於明相現分中，指示彼等唯一周遍無非如幻顯現

一時，當余於定中得見大持明吽迦羅（Hūṃkara）時，余問曰：『明相之莊嚴，其狀若何？』

尊者垂賜此答曰：『噫！大士夫，五門識有如虛空——一切法皆能於中生起。妄念則如幻師所用之物事及咒語。由〔五門識及妄念〕二者同時會合而顯現之明相莊嚴，則如幻如化。近取識則如觀眾。

以此故，一切所供之物事亦如幻術中所用之物事。如幻瑜伽之法，乃以除垢之密咒清淨此等物事至空性；復以增益之密咒，開展無量顯現，令識愉悅，此復成六根之外境，以取悅納受此等供品者。復次，為利益如魅幻顯現之有情故，行者以如幻瑜伽安立外境如乾闥婆城。行者作解脫及引導眾生之行，直如將夢境改變，由是於無上幻瑜伽得自在。

丁二　指示自空性中，自性之唯一周遍非諦實有（分二）

戊一　直指一切法如何納於唯一法性中

試思維：映現於湖上之星辰，不論其數量多少，此等映現皆包含於水中；情器世間，不論其數目多少，皆包含於一虛空中；輪涅之明相，不論其如何廣大且眾多，皆包含於一心性（sems nyid）中。

sems nyid bde gshegs snying po zhes bya ba ni phyal ba skyon gyis ma gos pa / dper na sangas rgyas nam mkha' gang ba zhig yod srid na'ng de'i ye shes yon tan gyis phan btags pa'i yul med pas phyal ba dang / sems can rang rgyud pa nam mkha'i mtha' dang mnyam pa tsam yod srid na'ng gnod pa byed pa'i yul med pas phyal ba'o // gzhi'i chos sku bde bar gshegs pa'i snying po de skye ba'i gnas yul bdag po thams cad dang bral bas skye ba'i mtha' dang bral ba / 'gag pa'i dus dang bdag po las 'das pas 'gag pa'i mtha' dang bral ba / yod pa dngos po'i phyogs su ma lhung bar rgyal ba'i spyan gyis kyang mi gzigs pa'i phyir rtag pa'i mtha' dang bral ba / med pa cang med du ma song bar 'khor 'das kyi spyi gzhir gyur pas chad pa'i mtha' dang bral ba / 'gro ba'i gnas yul bdag po thams cad las 'das pas 'gro ba'i mtha' dang bral ba / 'ong ba'i gnas yul bdag po ma grub pa'i phyir 'ong ba'i mtha' dang bral ba / gzhi bde gshegs snying po'i klong du 'khor 'das kyi chos thams cad rgya mtsho'i nang gi gza' skar ltar ma 'dres so sor shar ba'i phyir don gcig pa'i mtha' dang bral ba / 'khor 'das kyi rnam pa ji ltar shar yang rgya mtsho'i gza' skar rgya mtsho las mi gzhan pa ltar gzhi bde gshegs snying po nyid du ro gcig pa'i phyir tha dad pa'i mtha' dang bral ba ste / spros pa'i mtha' brgyad po gang du'ng ma lhung ba'i phyir phyal ba skyon gyis ma gos pa'o /

戊二　由明示唯一周遍各支作廣說（分三）

己一　指示唯一周遍為體性、且離利害

心性，稱為「如來藏」[2]，周遍而無過失。舉例言之：諸佛縱或遍滿於虛空際，然遍處中，無有外境能自其智慧及功德中稍得利益。有情之數雖或等同虛空，各具自心相續，然遍處中，無有外境能被損惱之。

己二　指示唯一周遍為自性、離八邊之名言

本始基法身即如來藏，離一切處、境及能生，是故乃離「生」邊；復超越三時之能滅及所滅，是故離「滅」邊。因其不墮於實有邊，縱勝利王亦不見之，故離「常」邊。以其非實有，但亦非無，為輪涅所共，故離「斷」邊；因其超越處、境及能去，故離「去」邊；因無處、境或能來可建立，故離「來」邊；因輪涅一切法於廣大本始基即如來藏中各各現起，如星辰倒映於湖，故離「一」邊；輪迴與涅槃不論如何生起，亦皆與其相應之本始基即如來藏為一味，即如海中所現之星辰，實與海無異，故離「多」邊。因其不墮於此八邊之戲論，是故周遍而無有垢過。

2　如來藏，於藏文經論通當作「善逝藏」（de gshegs snying po），相對於梵文的 sugatagarbha。此處為照顧漢土讀者習慣，仍譯為「如來藏」。在不太嚴謹時，可將「如來藏」、「本始基」、「佛性」三者視為同義詞。若嚴格來說，「本始基」實包含「基」與「顯」兩重涵義，此時說「如來藏」為「本始基」之法身，而「佛性」則為「本始基」法爾所具的本性。

/ yang steng 'og phyogs mtshams bar dang dus las 'das pas stong pa dang / yongs la khyab cing yongs su brdal bas stong pa dang / phyi snang ba thams cid dngos mtshan bden grub tu ma mchis pas phyi stong pa dang / nang rang sems gzhi rtsa thams cad las 'das pas nang stong pa nyid dang / bar gzung 'dzin gnyis su mi phyed pas brtal khyab chen po dor ba med pa'i stong pa nyid de rnam par thar pa'i sgo stong pa nyid dang / gzhi'i chos sku bde gshegs snying po tshig tu brjod bya'i mtshan ma dang bral ba / dpe'i mtshungs zla las 'das pa / don gyis ston bya'i dngos pos stong pa ste rnam par thar pa'i sgo mtshan ma med pa dang / chos nyid bde gshegs snying po dus gsum du bde bar gshegs pa de la lus dang ngag gi dge sbyor tsam gyis 'bras bu yul zhing khams gzhan du 'gro zhing grol bar sems na gyab brdal nam mkha'i khor yug 'gro 'ong gi yul dang bdag por sems pa ni shin tu mgo 'khor zhing blo rnongs par gyur to / / lam gang yin na rang thog tu rang sa bzung ba nyid dang / rtogs pa gang lags na rang ngo gnas lugs tshul bzhin shes pa nyid dang / grol ba gang lags na rang ngor rang sangs rgyas pa nyid las / grol sa dang grol yul gzhan du 'dzin cing 'bad rtsol byed pa ni shin tu 'khrul pa yin pas / don dam par 'bras bu la yid smon tsam yang 'cha' ba'i gnas med pas na rnam par thar pa'i sgo smon pa med pa'o / / kyai khye'u chung rig pa'i dbang po khyod kyis 'du ltar bshad pa dang thos pa tsam gyis grol bar mi 'gyur te / bshad zin pa de dag gi ngang tshul la brtag cing dpyod la myong ba gting nas thon zhing shes rig rgyud brtan pa zhig mdzod la snod dang ldan pa'i skal ldan rnams la ston cig / rtse gcig nyams su len pa'i skyes bu rnams la nga'i dgongs rgyud 'phos te ring pong mi thogs par grol ba 'thob par gdon mi za'o / / zhes gsungs shing mi snang bar yal lo

己三　指示唯一周遍為三解脫門

再者，以其超於上下、方隅、間隙及時位，故空；以其為遍滿及周延，故空；因無外明相可建立為實有或具勝義實相，故外空；因自心超越一切根基，故內空；因內外之間無能所二邊之分別思維，故中空，或稱不相違空，即無上廣大之周遍。此即空（stong pa nyid）解脫門。

本始基法身如來藏，離可言詮之勝義實相，超逾譬喻之倫比，無有可表示之性相。此即無相（mtshan ma med pa）解脫門。

至若法性、如來藏，此即「於三時中得善逝」，若以為僅以修身及語之功德，即能於他處或他界中得自在，而視之為果，則同於以為廣大周遍之虛空，乃具來去之外境，此皆極度迷亂之心識。

然則何者為道？當下持於自身所處者即是。何者為證悟？正知自身體性為實相者即是。何者為自在？於自身體性中，內自證等覺者即是。若作整治，且緣一物為自在境，為自在地，此即是極度迷亂。於勝義諦中，無一法可為追求果位所依處，故有無願（smon pa med pa）解脫門。

噫！孺子！本覺主！汝不能僅由余之解說及汝之聽聞而得解脫。思維余上來所說之義，令直指之覺受於汝深心中生起，復令汝之體證及覺性能得安穩。可對堪能受法之善根授以此法，余之覺性相續，將延與彼等一心作此修持之善知識，令其速得解脫無疑。』

言畢，乃隱沒不見。

文殊師利語獅子

yang 'od gsal nyams kyi snang ngor 'jam dpal smra ba'i seng ge'i zhal mjal ba'i tshe / bdag gis 'di skad zhus / kyai ston pa 'jig rten mgon po lags / snod bcud kyi snang ba thams cad rang snang las mi gzhan pa'i ngang tshul ji lta ba bzhin du thag chod kyang / sangs rgyas thams cad kyi ming dang zhing khams tha dad du yod pa rnams yul rang rgyud par grub dang ma grub pa'i tshul bdag la bstan du gsol / ches zhus pas ston pa nyid kyis bka' stsal pa / kyai skyes bu chen po khyod nyon cig / gzhi'i chos sku bde gshegs snying po'i nang mdangs lhun grub rin po che'i yon tan la gzhi byas te sangs rgyas kyi zhing dang lha yab yum gzhal yas khang dang bcas par bstan pa rnams gzhi rang la rang chas su rdzogs pa ni shes rab dang / yul gzhan du grub par bstan pa ni thabs so / / gzhi rang la yon tan rdzogs pa ni don dam pa / gzhan du yul snod bcud can yod par 'chad pa kun rdzob bo / / yang gzhi rang gi lhun grub sku dang ye shes kyi rol pa ni nges don dang / yul gzhan du sangs rgyas kyi zhing dang lha pho mo'i ming sogs dngos po mtshan ma can du 'chad pa thams cad drang don yin no / / 'khor ba'i sgor bstun nas don dam kun rdzob tu bstan pa ni 'di lta ste /

丙四　頓入本始無整及光明之廣大法爾任運境（分三）

丁一　不了義方便及了義般若之共說

一時，於光明定中，余得見文殊師利語獅子（Mañjuśrí Vādīsmḥa）。

余問曰：『噫！上師！世間怙主！余已得本性如是之決定：情器世間之一切明相無非自顯現而已。然余祈請開示諸佛各各名號及其淨土，何以能或不能建立為自續境？』

應余所問，上師開示如下：『噫！大士夫，其諦聽之。殊勝之法爾任運，其功德乃本始基法身、如來藏之內自光明。以此為根，諸佛剎土、本尊父母及無數越量宮等，皆為本始基所圓滿固有，此即般若。將彼等建立為本始基以外之對境，此即方便（thabs）。

於本始基中圓滿功德者為勝義（don dam）；解說此等（功德）為有法，即說為情器世間之外境，則為世俗（kun rdzob）之層次。

復次，究竟義者，乃身、智展現為本始基之法爾任運。不了義者，即解說諸佛剎土、本尊父母名號等為本始基以外之外境，即說為具實相之實有法。

丁二　詳說法爾功德之安立（分五）

戊一　五身任運之理

下來所說，為依於輪迴覺受，於世俗層次顯示勝義之理。試觀一切勝利王皆攝於五身。

rgyal ba thams cad sku lnga'i chings kyis bcing tshul ni / snang srid 'khor 'das kyis bstus pa'i chos thams cad gzhi dbyings stong nyid chen por ma bcos rang chas su yod pa'i chos nyid chen po la chos / khams dang dbang po'i bye brag bsam gyis mi khyab pa las lam gyi 'jug sgo dang nyams kyi myong ba dang / 'bras bu'i thob bya bsam gyis mi khyab pa rang chas su yod pa la sku zhes bya'o / / lhun grub sku dang ye shes kyi rol pa longs spyod du rang chas su rdzogs pa la longs sku / ngang las sprul pa 'gyed snyam gyi blo yid ma gayos shing / gzhi rang las mi gzhan pa'i tshul du ston pa sprul sku dang / bzo sprul sku dang / skye ba sprul sku dang / bem po sprul sku rnams ngar 'dzin gyi shes pa chu snod lta bu dang bde gshegs snying po'i dbyings kyi yon tan nam mkha'i gza'i skar lta bu dus 'dzom pa'i tshe rten.... 'brel sprul pa rnam bzhir snang ba yin no / / don la snod bcud sku gsum gyi rol pa las ma 'das pa ste / ngo bo stong pa'i cha la chos sku / rang bzhin lhun grub kyi cha la longs sku / so sor snang ba'i cha la sprul sku zhes bya'o / yang gzhi nyid 'khor 'das thams cad kyi ngo bor gyur cing ngo bo nyid du thams cad ro gcig pas ngo ba nyid ces bya'o / /ye shes yon tan thams cad bsags nas spungs pa lta bu la sku zhes bya'o / / dus gsum 'pho ba med cing ngo bo gzhan du mi 'gyur bas mi 'gyur / gzhan gang gis rma mi 'byung bas mi chod pa / rang dang gzhan gyis mi shigs pa / 'khor 'das kyi spyi gzhir gnas pas bden pa / bzang ngan gyi bslad mi 'jug pas sra ba / gyo 'gul dang bral bas brtan pa / shes sgrib phra ba yan chad 'big nis pas thams cad du thogs pa med pa / yul rkyen gang gis mi thub pas thams cad du ma pham pa'o / / de ltar don dam mi shigs pa'i rdo rje'i gnas lugs las

於無上法性中，輪涅世間攝集之一切顯現萬象，皆於本始基之廣大空性中自生，且無整自成，即此便名為「法」（chos）。因種姓無量與根器有別，故無量法門，無量修持體驗，及無量所得果，遂自生而有，即此便名為「身」（sku）。

法爾任運展現之身與智，本自圓滿且自受用，此即「報身」（klong sku）。

欲作示現之心識，與實相無二；而上師（如佛陀）、能工巧匠、轉世祖師及色法等「化身」（sprul sku）[3] 之示現，其顯現實亦無非本始基自身而已。此四種示現方式，若同時具我執之識（如盛水之器能倒映）、及如來藏界之功德（如天上之星辰），此二者雙運，則依於緣起而作顯現。

實際言之，情器世間實不出於三身顯現之外。「法身」者，指其體性本空之一分；「報身」者，指其自相任運之一分；「化身」者，指其明相各各展現之一分。

復次，「自性」（ngo bo nyid）者，指本始基乃一切輪迴涅槃之體性，而一切法於此體性中皆為一味。「身」者，指一切智慧與功德之攝集。

體性於三時之流轉中，因無有改動，故為無動（mi 'gyur）；因不為一切法所損，故為無損；因不為自他所壞，故為無壞；因其為輪涅之共基所依，故為無虛；因不為善惡所染，故為無染；因離動搖，故為無動；因能周遍一切，即微細所知障亦能周遍，故為無礙；因一切外境或緣起無能逾越，故為無敗。

[3] 此中所言之上師（佛）、能工巧匠及轉世祖師等化身，即所謂「三化身」——分別為殊勝化身、事業化身及受生化身等。

dang skal bar lngan pa'i skyes bu ma gtogs sems can gang rung gis rtogs mi srid pa / rtogs nas nyams su blangs pas gding mi thob mi srud pa / gding thob tshe mi grol mi srid pa / grol tshad 'tshang mi rgya mi srid pas na dam bca' bzhi dang ldan pa'o / sku lang po de dag gzhi rang la rang chas su yod pa don dam pa yin te / de las tha dad par 'chad pa ni kun rdzob thabs kyi lam zhes bya'o / / 'gro ba rnams rigs la mngon par zhen pa de dang bstun de lha la rigs brjod pa'i gzhi ni / gzhi nyid bag chags kyi dri ma dbyings su sangs pas sangs / ye shes dang yon tan gyi ngang rgyas pas rgyas zhes bya'o / mi shigs pa rdo rje'i chos bdun dang ldan pas rdo rje / sku dang ye shes thams cad kyi 'byung khungs su gyir bas rin po che / skyon dang dri mas mi gos pas pdma / phrin las yongs su grub pas las kyi rigs so / / rigs zhes bya ba

是故，勝義不壞金剛之實相具足四信[4]：除具足業力及善緣之士夫外，一般有情均不能體證之；一旦體證並修持之，則必能生不退轉正信；正信若生，則必致解脫；若得解脫，則必證覺圓成佛道。

本始基中本來具足五身，即勝義諦；據本始基分別解說五身，即世俗諦與方便道（thabs kyi lam）。

戊二　五部任運之理

下來為隨順眾生所好，而將本尊分部之根據。以本始基即基界中習氣垢染得被清淨，由是有「清淨」之名。因智與功德之本性圓滿具足，由是有「圓滿」之名[5]，故有佛部建立。因具足七種不壞金剛法，故有金剛部建立；因其為一切身智之所從來，故有寶部；因其無一切過失或垢染，故有蓮花部；因其能圓滿成就一切事業，故有事業部。「部」者，說為由典範所統之各從屬。

4　四信 —— 如其虛妄故無懼地獄之信；知輪迴非實故具無冀業果之信；知涅槃無自性故具無求成就之信；以已證法爾故具無喜而平等住於正覺功德之信。

5　「清淨」sangs「圓滿」rgyas，合而為「佛」sangs rgyas 之藏譯，參考註 7。

ni chings des bcings pa'i rang rang gi khyab pa la brjod pa'o // mi rnams yul la mngon par zhen pa'i yul dang bstun pa'i zhing khams lnga ru bstan pa ni / gzhi dbyings yon tan lhun stug pa'i cha la stug po bkod pa / yul rkyen bdag pos ma bskyed pa'i dga' ba chen po dang lngan pas mngon par dag' ba / ye shes yon tan gyi dpal phun sum tshogs pa dang ldan pas dpal ldan / bde stong zag pa med pa'i ye shes dang ldan pas bde ba can / dag pa dang grol ba'i las thams cad rab tu dzogs pas las rab rdzogs pa'o / / zhing zhes bya ba dbyings la brjod pa dang / khams zhes bya ba khams de las mi gzhan pa la bya'o / / gzhi'i yon tan gzhal du med pas gzhal yas / 'khor 'das yongs su gang bas khang pa'o / / gzhi dbyings khyab brtal gyi rang mdangs gyab byed kyi zhes rab chen pos mngon du gyur pa'i tshe gzhi bde gshegs snying po'i khams kyi ye shes yon tan thams cad rnam par snang bar mdzad pa dang / mi shigs pa rdo rje'i chos bdun dang ldan cing dus gsum gayo 'gul bral bas mi bskyod rdo rje / lam dang 'bras bu'i chos thams cad kyi 'byung gnas dang yon tan phun sum tshogs pa dang ldan pas rin chen 'byung ldan / gzhi snang mtha' yas pa la snang ba mtha' yas / yang dag pa'i don thams cad rang byung du yod pa las don yod grub pa zhes bya'o //

戊三　五刹土任運之理

下來所說五方刹土，乃隨順眾生於國土所好而說：密集之功德，於基界中法爾任運，此即密嚴刹土；具足廣大歡喜之本始基，既非外境或因緣所生，故有妙喜刹土；以智慧與功德皆圓滿吉祥，故有吉祥刹土；因具足樂空無量之智，故有極樂世界刹土；因一切清淨及自在之事業皆極圓滿，故有圓滿妙業刹土。「土」（zhing）者，指基界；「界」（khams）者，指無非大種而已。因本始基之功德無可計量，故有「越量」（gzhal yas）之名；因能圓滿輪迴與涅槃，故有「宮」（khang）之稱。

戊四　五方佛任運之理

於無上廣大般若，現證廣大本始基之基界內光明時，則有大日如來（Vairocana），普照本始基之一切智慧與功德，普照成為大種之如來藏。

因具足七種不壞金剛法及於三時中離一切動搖，故有「不動金剛」（Akṣobhya）。因其為道與果之一切法所從出，且圓滿具足功德，故有「寶生」（Ratnasambhava）。「無量光」（Amitābha）者，指本始基無邊顯現之無邊明相。因一切清淨義皆自生而有，故有「不空成就」（Amoghasiddhi）。

don gyi rdo rje stong pa nyid kyi mkha' la 'khor 'das kyi chos thams cad 'gro 'ong gi rnam par snang bas rdo rje mkha' 'gro / rin po che'i mdzod khang lta bur ye shes yon tan thams cad rang byung ba'i cha la rin chen mkha' 'gro // chags pa thams cad dang bral ba'i cha la pdma mkha' 'gro / lhun grub sku dang ye shes kyi las thams cad bya bas ma byas rtsol bas ma bsgrub par rang byung ba'i cha la las kyi mkha' 'gro / nyon shes kyi dri ma dbyings su sangs shing ye shes yon tan gyi ngang rgys pas sangs rgyas / stong nyid chen po'i mkha' klong du 'khor 'das kyi snang ba thams cad 'gro 'ong gi rnam par snang bas mkha' 'gro shes bya'o / / de ltar gzhi'i chos sku bde gshegs snying po 'khor 'das kun khyab kyi bdag nyid chen po'i ngang mngon du byed pa nyid ni gzhi'i rig pa mtha' grol chen po yin la / don dam pa'i sgrub pa thams cad 'dir 'dus pa ni / gzhi'i rig pa dkon mchog kun 'dus kyi ngo bor rang dam bcas nas rang dbang bsgyur pa ni gnas lugs don gyi skyabs 'gro bla na med pa yin / tshe rabs thog ma med pa'i dus nas rang nyid bden par bzung zhing yul la mngon par zhen pas blo rgya shin tu chung ba la / da ni 'khor 'das rig pa gcig gi yo lang du thag bcad nas sems kyi rgya bskyed pa ni sems bskyed thams cad kyi dam par gyur pa'o / gzung 'dzin gyi sems ni khams gsum 'khor bar 'khyams pa'i srid pa'i 'dre bo che yin la / de so sor rtog pa'i shes rab kyis yul med stong pa nyid du bskrad cing / bdag med rtogs pa'i shes rab mngon du bred pa byang chub sems kyi srung 'khor gzhom gzhig dang bral ba yin /

戊五　五空行母任運之理

勝義金剛空性即虛空，此中輪涅一切法皆示現「來」「去」，故有「金剛空行母」。「寶空行母」者，指一切智慧與功德之自生體性，猶如具足珍寶之寶庫。「蓮花空行母」者，指離一切貪欲。「事業空行母」者，指法爾任運之身、智等一切事業，皆自生成就而非整治而致。因污染識之垢障於基界中得清淨，智慧與功德遂得圓滿，由是而有「佛」之名。復次，因廣大空性之虛空中，輪涅一切明相皆顯現「來」「去」之相，遂有「空行」（ḍākini）之名。

丁三　指示各別功德如何於證悟之理中圓滿具足（分三）

戊一　勝義諦之儀軌支分圓滿具足之理（分二）

己一　彼等支分如實圓滿之理

如是，本始基之法身（如來藏）遂成周遍一切輪迴及涅槃之主宰。此即本始基本覺之邊際解脫。一切勝義修持皆攝集於此，如下來所說。

本始基之本覺中，具對寶總集體性之深信，由是而得之內自在，遂取實相義為「無上皈依」。

自無數世以來，心智為我執及執持外境等所限。現既得輪涅乃唯一本覺所幻化之決定，凡庸之心識遂可長養。此即「生起菩提心」之殊勝方便。

能所二取之心，實為巨魔，令三界輪迴中，眾生飄蕩。般若則驅之於無外境空性中。能了悟「我」及「自性」皆非實有之般若，即菩提心之「保護輪」，不受破壞。

ma rig pa'i mun khams su rig pa ye shes kyi byin chen.... dbab pa byin 'bebs nyid dang / snang ba rig pa'i rgyan du shar ba'i ngang tshul rtogs pas rang byung 'dod yon gyi bkod pa mchod pa nyid kyang yin / kun gzhi chos skur 'pho ba gdod ma gzhi'i sangs rgyas te / de'i gnas lugs ji lta ba bzhin du mkhyen pa'i shes rab dang / kun shes kun gsal gyi bdag nyid ju snyed pa gzigs pa'i shes rab mngon du grur pa ni rgyal dang rgyal sras thams cad kyi gsang ba 'dus pa nyid yin la / dang po rtogs pa'i cha la bka' srung dregs tshogs / sa brgyad yan chad du dbang bsgyur ba la byang chub sems dpa' / mngon sangs rgyas pa'i cha la sangs rgyas dang sangs rgyas kyi zhing khams bkod pa thabs kyi lam yin no / / kun gzhi ma rig pa dbang phyug chen po / de las ldang ba'i rtog tshogs thams cad bka' srung chos skyong sde brgyad lha 'drer bshad pa thabs kyi sgo ste / gdod ma gzhi'i chos sku mngon du gyur pa las rang byung gi ye shes chen po rtsal du shar ba rnams dum bur bcad de thabs kyi lam du bcos pa yin no / / don dom pa'i sangs rgyas mngon du byed pa sgrub pa yin te / sgrub dang dkyil 'khor thams cad 'dir 'dus shing rdzogs pa'o / / khams gsum 'khor ba'i chos thams cad chos nyid chen po gcig gi rol par 'phol de ngang mngon du byed pa spyan 'dren / dus gsum 'pho 'gyur dang bral bar rang thog tu rang sa 'dzin pa bzhigs gsol / lta ba'i rgyal po gdod ma gzhi'i chos sku'i rang zhal mjal ba'i tshe ngo mtshar chen po thob pa lta ba mjal ba'i phyag /

於無明暗界中降下本覺智之廣大加持，即如實之降下「加持」。

明相生起乃本覺莊嚴，於此證悟，妙欲之自生莊嚴即是「獻供」。

由阿賴耶至法身之遷轉，即本始體性基之佛道。般若了知此本來如是之實相及種種別相，是以攝集全知之識及普光明。般若此二分乃一切勝利王及其子嗣等之秘密雙運。自初地之證悟而言，善巧方便道乃攝集憍慢護法眾之莊嚴；自八地以上之證悟而言，此則為菩薩之莊嚴；自真實之正等正覺而言，此乃諸佛及諸佛刹土之莊嚴。

善巧方便之大道，乃解說阿賴耶（無明）為大自在天（Maheśvara），而一切由此而起之思維分別，則為護法及天龍八部眾。當本始基法身顯明時，生起成為其力用之自生及廣大智慧，遂分成種種方便道。成就法之修持，無非為欲現證佛道之勝義覺性境界；一切修習及壇城皆攝集於此，並於此中圓滿。

「迎請」，為現證實相，即將三界輪迴之一切法遷於廣大而唯一之法性莊嚴中。

於三時中離遷轉或變動，持於當下自住境界，即「請住世」。

能親見見地之「頂禮」，乃於得見本來面目，即得見本始基見地王時，所生廣大稀有之想。

chos can chos nyid du rol pa'i mchod pa chen po / 'khor 'das rdzogs pa chen po'i gnas lugs ji bzhin mthong nas ngo mtshar zhing yin ches pa don gyi bstod pa nyid do / / sna tshogs snang ba ma 'dres so sor snang ba sku'i bkod pa / lhun gyis rdzogs shing grub pa gsung gi rol pa / ka dag spros mtha' bral ba'i dbyings nyid thugs kyi rol pa ste / sku dang ye shes kyi rol pa ma btsal lhun gyis grub pa'i ngang tshul rtogs pa'i yon tan rnam bzhi'i phrin las la dbang bsgrur ba rnams rdzogs chen rig pa'i mtshan nyid yin no / / dbang bzhi yang de bzhin du sku gsung thugs yon tan phrin las rang byung nyid la gcig char du rdzogs pa yin par shes par gyis shig / de ltar rdzogs pa'i ngang tshul ji lta ba bzhin du shes sheng rtogs pa ni rdzogs pa chen por nges pa'o // de ma shes pa'i dbang gis sngon yang 'khor bar 'khyams pa yin / gdod nas rdzogs kyang ma rig pas bsgribs te chu rang grol du yod pa 'khyag pas bsdam pa dang / gser dang nor bu ngo ma shes pas rgud pa mi sel ba lta bur gyur pa'o / / don dam par gzhi bde gshegs snying po'i ye shes dang yon tan rtsal du rdzogs pa rten dang brten pa'i 'khor lo so sor bshad pa rnams ni gdul bya rtag 'dzin can rnams kun rdzob rtsol bcas kyi lam la brten nas don dam rtsol med kyi dbyings su kha drang ba'i thabs su bstan pa yin / des na gsal dag stong pa gsum gyi gnad dang ldan pas 'bras bu bla na med pa'i dbyings su kha drang ba yin no / / zhes gsungs shing mi snang bar yal lo / slar yang bar skabs shig tu dpal o rgyan mtsho skyes rdo rje'i zhal mjal ba'i dus su bdag gis / kyai khyab bdag gdod ma'i mgon po zhing khams dang gzhal yas khang dang lhar bskyed cing bsgrub pa rnams chi'i phyir bstan pa yin lags /

於法性中，一切法之莊嚴序列即廣大之「供養」。

當得見輪涅本來如是之實相為大圓滿時，所生起之稀有想及信心，即勝義「讚頌」。

種種明相各各之不共顯現，即身（sku）之莊嚴。法爾圓滿及成就，即語（gsung）之莊嚴。遠離戲論邊之基界是為本淨，此即意（thugs）之莊嚴。凡此皆為大圓滿本覺之相，即由證悟無整而法爾呈現之身智莊嚴，並由是而生之功德，於四事業中得自在。同理，了知四灌頂於自生之身、語、意、功德、事業中同時圓滿成就。

了知並證悟此本然如是圓滿之理，即為大圓滿。前此以不明此理故，遂流轉於輪迴中。雖則本始圓滿，但為無明所障。此則如水性本流，然結而為冰；又如雖有珍寶而不知其用，是故不能救窮。

勝義言之，本始基如來藏之智慧與功德，其力用於此基中悉皆圓滿周備。解說彼等為各別能依與所依之壇城，無非善巧方便，以導引執常之所調眾，由作意整治之世俗道，達至無修無整之勝義基界。如是，具足光明、清淨及空性等三者，則可得無上果之基界。』

言畢，遂隱沒不見。

己二　指示生起次第為世俗諦中方便道之要義

一時，余於定中得見吉祥鄔金海生金剛（O rgyan mtsho skyes rdo rje）。

余問曰：『噫！遍主！本始怙主！何以有剎土、越量宮及本尊等觀想與修持之教授耶？』

鄔金海生金剛

法界主母一髮母

zhes zhus pas bka' stsal pa / nam mkhas gar khyab kyi 'jig rten 'di dag phyi bdag lta'i ru dra ste / de'i gnyen por sprul pa'i 'od las grub pa'i zhing khams sbyong ba dang / nang gans khang longs spyod lus dang bcas par 'dzin pa nang bdag lta'i ru dra ste / de'i gnyen por gzhal yas khang dang lha bsgom pa dang / dus dang rnam pa kun tu nga zhes bdag tu snang ba'i shes pa bag la nyal ba rgya dang rgyun ma chad pa ni gsang ba bdag lta'i ru dra ste 'khor ba'i snang sems thams cad kyi spun thag go / de'i gnyen por lha'i nga rgyal brtan po bjung ba yin no / / 'di'i gnad ma shes na la las ni bskyed gsal nga rgyal bzung ba dang bcas pa dor nas ngag gi bzlas? pa kho na la 'bad / la las ni lha dang zhing khams rang rgyud par bzung nas bsgrub kyang 'tshang mi rgya bas na gnad 'di shes par gyis shig / ces gsungs shing mi snang bar yal lo / yang re zhig gi tshe dbyings kyi rje mo e ka dza Ti'i zhal mjal ba'i tshe / bdag gis / kyai 'gor 'das kun gyi a phyi gcig ma lags / 'gor 'das stong chen dbyings kyi rje mo'i mkha' gsang du rol pa'i theg pa 'di la meng gang zhes bya / zhes zhus pas bka' stsal pa / kyai a ma'i bu chung khyod la dgongs brgyud lus kyi tshul du rdzogs par byas / brda brgyud nu zho'i tshul du bsnun nas nar son par byas / snyan brgyud snying gdam lta bur gdams nas blo dang ldan par byas yod / gdul bya las smon gyis 'brel ba'i skal ldan rnams la ston dang 'brel tshad don dang ldan pa yin no /

彼開示曰：『遍世間之虛空，就自性而言，乃所見外相「恆逼害」[6]；將其攝入光明所化之淨土則為對治之方。

內者，執於所受用之房舍及自身，就自性而言，乃所見之內相「恆逼害」；修越量宮及本尊等之止觀則為對治之方。

於十方三時，皆有相續無間之隨眠識。彼執於明相所顯者為「我」，就「我」而言，此乃所見之密相「恆逼害」，貫串心識之境界與輪迴之明相；固守本尊慢則為對治之方。

若不能了悟此要義，則或忽略明觀，忽略持金剛慢，而只專注於持咒。有等或執本尊及淨土為自相續，是以縱使修成就法亦不能得覺入佛道。是以必須了達此要義。』

言畢，遂隱沒不見。

戊二　彼乘尊貴名義圓滿具足之理

一時，余於定中得見法界主母一髮母（Ekajaṭī），作啟請如下：『噫！遍輪涅之唯一祖母！於輪涅廣大空性中，受用界主母之秘密虛空乘，其名為何？』

彼開示曰：『噫！母之稚子！余已賜汝解脫義之密意傳承，如賜汝以身。余復如母哺乳，以表示傳承撫育汝。余更培育汝之智慧，授以如忠言之口耳傳承。且示此與汝所調伏，且與汝結緣并具信之具福者，一切與汝有緣者皆能於此得利益。

6　恆逼害（Rudra；Drag po）為大自在天之別名，謂其恆以風雷及諸苦逼害有情。此處則不作專有名詞用，但取其義，謂一切外境皆能誘惑有情永墮輪迴，故云，內相、密相恆逼害類此。

/ theg pa thams cad kyi rgyal po nga'i ming ni sgra grags tshad thams cad nga'i ming yin cing nges gsang bla na med pa mkha' spyod a ma'i mkha' ru 'ub chub pa'i rol pa 'di la ming gi rnam grangs du ma yod kyang ming bdun du ngas smra'o / / chos 'di gsang chen gnyis dang ldan pas gsang / bdag rtog mtshan ma yid byed kyi 'jigs pa las skyobs par byed pas sngags / dom dam mi shigs pa'i rdo rje / lam thams cad kyi yon tan bcud du 'dus pas theg pa'o / / chos thams cad kyi yin lugs mthar thug tu gnas pas don / rtogs bya rnams kyi gtso bor gyur pas dam pa / skyon dang dri ma thams cad byang ba / sku dang ye shes lam dang 'bras bu'i chos thams cad khong du 'ub chub pa / thams cad dag mnyam gyi rol pa sna tshogs pa'i 'char gzhi rdo rje gsum gyi srog gcig pur bzhugs pas cittaṃ snying ste sems so / / 'khor 'das lam gsum rdzogs pa / theg pa thams cad don gcig tu dril mdo gcig tu bsdus pas theg pa thams cad kyi spyi gzhir gyur pas chen po'o / / rtog pa'i grwa zur thams cad las 'das pas thig le / 'khor 'das byang chub kyi sems su ro gcig pas nyag gcig go / rig pa bde gshegs snying po'i ngang dwangs gsal rnyogs ma dang bral bas 'od gsal / mi shigs pa rdo rje'i chos bdun dang ldan pas rdo rje / 'khor 'das kyi chos thams cad kyi bcud du gnas pas snying po'o /

此一切乘之王得余之名；一切音聲亦皆余之名。故受用虛空，及無上究竟秘密之母，其虛空之總相展現，可以眾多名相列舉之。今余只舉七名。

此法既攝二種秘密，故名為「密」（gsang）；因其能遮由我執及具性相之作意而生之惡果，故名為「咒」（sngags）；勝義不壞，故名為「金剛」（rdo rje）；一切道之功德，其精華皆集聚於此，故名為「乘」（theg pa）。

因其住為一切法之究竟因，故名「諦」（don）。彼乃所證之最根本，故名「勝義」（dam）；彼淨除一切過失與垢染，總容及內在通達身、智、道、果等一切法[7]；彼亦為「心」（sems），住為三金剛之唯一命力，即於平等清淨中生起一切法種種相之基。

彼乃輪迴、涅槃及道等三者之「圓滿」（rdzogs pa）；彼為「大」（chen po）者，因其為諸乘共基，攝集諸乘於同一歸趣中，且趨於一。

因超越一切思維之方隅，故為「明點」（thig le）；因輪涅於菩提心中為一味，故為「唯一」（nyag gcig）。

因本覺體，即如來藏本性清明，離一切污染，故為「光明」（'od gsal）；因具足七種金剛法，故名為「金剛（rdo rje）」；因其住為輪迴涅槃一切法之內藏精華，故名為「藏」（snying poo）。

---

[7] 淨除（byang）及通達（chub）連文 —— byang chub，即藏文「菩提」。亦可譯為清淨圓滿，此即「覺」之義，故亦可用以稱謂佛陀。

'khor 'das kyi chos thams cad bde gshegs snying po'i ngang du 'ub kyis 'dus shing yongs su chub pas 'khor 'das 'ub chub bo / skye 'chi bsgres rgud thams cad dang bral bas gzhon nu / lhun grub kyi phyi rgya ma ral bas bum pa / ye shes yon tan thams cad bsags nas spungs pa lta bus sku zhes bya'o / zhes gsungs shing mi snang bar yal lo / / de ltar spyir bshad nas bye brag rim dgu'i theg pa'i lam gyi yon tan thams cad rdzogs tshul gyis mtshon nas bshad na / nga dang bdag tu 'dzin pa'i gzhi gang zag tu snang ba thams cad rang bzhin med par mthong bas nyan thos / phyi nang gi dngos po rten 'brel sgyu ma'i snang ba nyag gcig tu rtogs pa rang byang chub / stong nyid rtogs pa'i rtsal snying rje'i ngo bor shar nas thabs dang shes rab kyi phyogs thams cad 'bad rtsol med par ngang gis 'du bas na byang sems te / kun 'byung 'dren pa'i theg pa gsum gyi yon tan yar ldan du rdzogs shing / bya ba'i rgyud kyi dka' thub dang gtsang sbras lha mnyes par bya ba dang / u pa ya'i rgyud kyi bzlas brjod dang ting nge 'dzin gyis dngos grub sgrub pa dang / rnal 'byor gyi rgyud du mtshan ma med pa dbyings kyi byin rlabs rdo rje dbyings kyi dkyil 'gor chen por lta ba'i zhi gnas dang lhag mthong gi rnal 'byor te / dka' thub rig byed kyi theg pa'i yon tan dang byed las thams cad kyang dngos grub kyi snying po brjod du med pa'i rang sems lhan cig skyes pa'i dbyings gcig pu 'dir rdzogs shing /

輪涅一切法既為如來藏遍攝，且圓滿通達，故為「輪涅遍達」（'khor 'das 'ub chub bo）。

因其離生死衰老，故為「童」（gzhon nu）；因其外在之法爾顯現並無敗壞，故為「瓶」（bum pa）；因其乃一切功德及智慧之本然聚集，故為「身」（sku）。』

言至此，遂隱沒不見。

戊三　九乘次第功德趨上之際能圓滿具足之理

上來尊者所示，余試加以闡釋，以顯示九乘次第中一切功德皆為圓滿。

聲聞乘中，行者視一切明相皆顯現為補特迦羅，此即一切我執之基，皆無自性。緣覺乘中，證悟一切內外實有法無非緣起所幻化。菩薩乘中，證悟空性之力用，生起為大悲之體性，且自然無整而攝集一切方便與智慧。此能令眾生離苦之三乘，其功德圓滿具足，故後後實含容前前。

事密者，乃以禁戒行與除障儀軌取悅本尊。行密者，以持咒及等持而得成就。瑜伽密者，乃勝觀之瑜伽，於不變金剛界無上壇城中，得勝義基界之加持。

此三乘之一切功德與功能，於禁戒行中能啟發本覺，且於唯一俱生基界、即不可言詮之自心性、亦即成就之要素中，圓滿具足。

持明王吉祥獅子

pha rgyud ma hā yo ga'i chos thams cad gzod ma nyid nas don dam dkor bdun nam lhag pa'i bden gnyis dbyer med kyi chos sku chen por dag pa dang / lung a nu yo ga'i ye ji bzhin pa dang ye shes lhun gyis grub pa'i dkyil 'khor gnyis zung du 'jug pa'i sras bde ba chen po byang chub sems kyi dkyil 'khor du snang srid dag mnyam chen por rdzogs pa'i don rnams kyang / rang bzhin rdzogs pa chen po 'od gsal mtha' dbus las 'das pa'i dbyings gcig tu gzhi snang lhun grub rin po che'i snang ba rgya chad phyogs lhung dang bral bar rang shar ba thams cad gser dang de'i mdangs bzhin du so so ma yin pa'i chos skya 'pho 'gyur med pa rig pa mtha' grol chen po gzhi dbyings bde gshegs snying po'i don nyid la gcig char du 'dus pa ste / so sor bstan pa rnams ni / gdul bya rim gyis dkri ba'i ched du bstan par zad do / slar yang rig 'dzin gyi rgyal po śrí seng ha'i zhal mjal ba'i tshe / kyai shon pa lags / rdzogs pa chen po'i lam gang lags bdag la bstan du gsol / zhus pas bka' stsal pa / rdzogs pa chen po ni 'khor 'das kyi spyi gzhi chen po 'khor 'das lam gsum rdzogs pa'i dbyings chen po yin te / de'i ngang tshul yin lugs shes pa ni lta ba yin no / / gdod ma'i ye gzhi chen por rang dbang bsgyur te rang thog tu rang sad cing brdal ba ni bsgom pa dmigs gtad dang bral ba nyid yin no /

大瑜伽〔父續〕之一切法，於殊勝二諦無別之廣大法身中，本來清淨，或即具足七財之勝義諦。

依於經教之無比瑜伽，菩提心之大樂壇城，乃本然如是，及智慧法爾呈現，此二壇城之雙運初生。於此菩提心壇中，一切法之世間於廣大清淨及平等之境界中，圓滿具足。

真實自性大圓滿中，光明即離中離邊之唯一基界，本始基之相亦即如寶法爾任運之明相，一切皆為自生起，如是則不墮於支離或落於邊見。如是亦無二無別，即如黃金與其光澤之無分別。前此諸乘義理，皆同時攝於此大圓滿中，即於法身中不動、本覺離邊、以如來藏為基界之真實義。

此諸乘之各別解說，僅為須次第調伏者作開示。

乙二　實際修持（分二）

丙一　修持如何離所緣境之共說

一時，余於定中得見持明王吉祥獅子（Śrī Siṃha）。

余問曰：『噫！上師！祈請開示大圓滿之道。』

上師因余之問而應曰：『大圓滿即輪迴涅槃之無上共道。輪涅道等三者，於廣大基界中圓滿具足。

了知此本然如是之實相者即「見」。

/ de ni dper na chu thig rgya mtsho dang 'dres tshe rgya mtsho bcos su med par rgya mtshor 'gyur pa'm / bum nang gi nam mkha' phyi'i nam mkha' dang 'dres tshe nam mkha' bcos su med par nam mkhar 'byams klas pa lta bu'o / / gzhi dang sems la phyi nang med kyang bdag 'dzin gyis phyi nang du bcad pa tsam du zad de / chu rang grol du yod pa grang lhag gi spun thag gis 'khyag par bsdams pa ltar gzhi rang grol du yod pa la bdag 'dzin gyi spun thag gcig pus 'khor ba yongs su grub pa'o / / de'i ngang tshul shes te lus kyi sgo nas bzang ngan bar gsum gyi bya ba btang ste byar med du dur khrod kyi mi ro ltar sdod pa dang / ngag gi bya ba gsum po yang de bzhin du btang ste lkugs pa ltar sdod pa dang / sems kyi bya ba gsum po yang btang nas ston nam bslad byed kyi rkyen gsum dang bral ba lta bu mi 'chos par bzhag pa ni mnyam par bzhag pa zhes bya'o / / bya ba dgu phrugs su btang bas bya btang dang byar med blos ma bcos pas blo 'das zhes kyang bya'o / / gnad de nyid kyi ngang du rang gding chen po 'thob par 'gyur ro // gzhan yang 'gro 'dug 'gul bskyod bzlas brjod bsam spyod thams cad kyi dus kun tu lta ba'i stangs ma shor bar snang srid sgyu ma lta bu / sgom pa'i gding ma shor bar ngang mngon gyur du rig pa / spyod pa bag med du ma sol bar spyod lam rnam bzhi tshul bzhin bsten pa'o / / gnad de ni shi ba'i mthar ma thug bar du brten dgos pa yin / de ni bsgom pa rang grol blo 'das so /

於此廣大本始體性基中，由當下自悟而得之自在，乃離依於所緣之「修」。此即如水滴融於海中，遂成大海而毋庸改變；或如瓶中之虛空與瓶外之虛空相融，直達天際而毋須改變。雖則本始基或心識無內外之分，然因有我執故，遂分而為內外。此即如水，其性本流，因寒風所吹而成冰；本始基本為自解脫，然因具我執故，遂有輪廻建立。

丙二　詳說根本位與後得位之次第

能了知此理者，則棄由身而作之善、惡及無記等三業，靜坐如尸陀林中之屍首，無整無治；復捨棄三種語業，有如喑啞；并捨三種意業，無有作意，如秋日澄空離三種污染（譯按：即雲、霧及煙霞）。此名為「平等住」，亦名「任運無整」或「無作」，因一切所作皆已捨棄，且「超逾凡夫心識」，蓋心識無有作意故。依此要義，則行者能生不退轉心。

復次，於行住坐臥、持咒、言說、思維或作一切行時，能知世間一切法實如幻如化，而正見不失；復次，能不失定中修得之證信，則能知實相顯明；於所作不放逸，則能依止於四正行；此即至臨命終際仍須依止之要義，亦為自解脫及超越凡夫心識之修持。

/ spyod pa'i gnad ni thams cad stong pa nyid yin pas ji ltar spyad kyang nyes pas mi gos snyam du lta ba'i phyogs su spyod pa mi 'chol bar lus ngag gi mi dge ba dug bzhin spangs te zhi dul bag yod dang ldan pa khrims bdag rgyal po'i mdun sar sleb pa lta bu zhig dgos / yang lus ngag yid gsum gyi dge ba gzhan zab zab 'dra ba'i yul du zhen nas yang dag pa'i lta sgom zil gyis mnan te 'khor bar bsod nams bsags pa tsam la mi tshe 'dos na gser gyi sgrog gis bcings pa lta bu spyod pa'i phyogs su lta ba mi 'chol bar dper na sder chags gang gis kyang zil gyis mi non po seng ge gangs la 'gying ba lta bu zhig dgos pa yin no / / khyad bar lta ba stong nyid rtogs kyang snying rje gzhan nas bsgom dgos zer ba dag yod pa'i rjes su 'brangs na chu rang la yod kyang rlan gzhan nas tshol dgos par skad pa dang / me rang la yod kyang tsha drod gzhan nas tshol ba dang / rlung rang nyid yin kyang bsil gzhan nas 'byung dgos zer ba lta bu'i phyogs su nges te / 'khor 'das stong nyid chen po nyid du nges par thag chod pa ni 'khor 'das dag mnyam du rol pa'i snying rje byang chub kyi sems bla na med pa'o / / lta sgom gyi gnad dang ngang tshul ji lta ba bzhin du ngo 'phrod nas shes na'ng des chog pa tsam du thag bcad de 'khor ba'i bya ba la zhen nas chags stang gi spyod pa sna tshogs pas mi tshe sdug zad du gtong ba dag ni lta sgom thams cad 'khrul pa 'khor ba'i bya byed

乙三 行持之利（分三）

丙一 為見行無有顛倒而修學

行持之要義，乃捨棄如毒之不善身業及口業。以思維一切法既屬空性故，則所作所為皆無過失，由是即無增上見以壞行持。行者須調柔，不放逸，如面見最高裁判。

然而，若只執身語意善業行持，視為深義，則為凌駕於正見與正修之上。若於輪迴中，將此生只專注於積集福德，則有如為黃金鎖鏈所縛。見、行二者中，不可偏重於行而輕於見，行者須如冰川上發莊嚴吼之雪獅，餘獸無有能勝之者。

尤有甚者，若聽隨彼等云「雖證悟空性，然仍須於他處生起悲心」，此則如既已得水，復須於餘處求濕性；亦如既已得火，卻須於餘處求煖氣；亦有若被風所吹，卻須於餘處求涼快。能得輪涅決定之覺受，即能得廣大空性，便為無上菩提心，同享輪廻涅槃平等清淨之慈悲。

復有等已得了悟見之直指、修本然如是之密義，卻即云得此直指教授已足。因仍執於輪迴法，故彼等遂浪費生命於以貪瞋為基之行持中。彼等一切見與修，遂全為輪廻之能作與所作所蓋過。

kyis zil gyis mnan pa yin / nyams kyi snang ba ni sems dang shes rgyud sngar ltar ma yin par 'dod lhar 'phen pa'i bde snang 'bol le ba dang / gzugs khams su 'phen pa'i gsal nyams gsal hrig ge ba dang / gzugs med mu bzhir 'phen pa'i stong nyams mi rtog pa kha nang lta thom yo re ba dron med shes med gnyid 'thug lta bu dang / lta ba stong nyid la rgyus med cing sems stong pa dngos por ma grub pa cam la blo thag bcad de stong pa'i ngang du rtse gcig tu 'jog pa ni srid pa'i rtse dang / 'du shes med pa'i lhar 'phen pa'i lta ba yin no / / gzhan yang phyi slong lha 'dre'i cho 'phrul than dang ltas ngan la sogs pa dbang po'i yul la cho 'phrul sna tshogs 'byung ba dang / nang slong lus la na tsha zug rngu sna tshogs pa 'byung ba dang / gsang slong sems kyi bde sdug ma nges par 'byung ba thams cad nyams rdzun po che'i mtshang du rig cing thag bcad na rang yal du 'gro ba yin / bden zhen re dogs kyi ngang brtan par gyur na smyo 'bog brgyal ba la sogs pas 'chi ba srog la 'bab pa'i rgyu rkyen du 'grur ba dang / lhar snang 'drer snang la mngon par zhen pa'i dbang du gyur na bsgom chen tha mal du 'chol ba'i rgyur 'gyur pa yin no / / zhes gsungs shing mi snang bar yal lo / yang re zhig gi tshe rang snang don gyi 'og min dur khrod me ri 'bar ba'i gnas nas zur chung shes rab grags pa dang mjal tshe / bdag gis / kyai bla ma lags / gdams ngag thugs kyi yang bcud tshig nyung la don 'dus pa zhig bdag la gnang bar mdzad du gsol /

丙二　分別道上之歧路（分二）

丁一　辨識覺受之歧路

行者之心識相續覺與往昔相異即覺受之明相。「大樂」所生之安閑覺受，令引生於欲界天；「光明」所生之明亮覺受，則令引生於色界；「空性」之覺受，入深定如沉睡之無想天；無有思憶或知覺，則令引生於無色界之四空天。未通達空性見，行者或決定思維心之所以為空，無非因其不可建立為實有，由是而專一定住於此空性中。此見地遂引生於無想天，是為緣起法之極致。

丁二　分別障礙之歧路

復次，行者或遇障礙。外障者，乃種種影響根識之如幻顯現，此如由天人或魔魅所策動之凶兆。內障者，即種種疾病與痛楚。密障者，即心中一切不定苦樂。若覺知此潛隱之過失，即知彼等皆錯亂之覺受，且如實具此決定見，則彼等自然消融。然若以希疑增益之，復視之為實有，則可成致命之因緣，如顛狂、昏倒或悶絕等。專觀明相顯現為天人或魔魅者，則為殊勝行者退轉為凡夫之因。』

言畢，遂隱沒不見。

丙三　指示其他正行

一時，余於遍滿光明火舌之尸陀林中，入色究竟天自顯現最清淨界，見宿・般若名稱（Zur chung shes rab grags pa）尊者。

余曰：『噫！勝上師！祈賜汝心精要之竅訣教授。』

宿・般若名稱尊者

ces zhus pas bka' stsal pa / kyai bskal pa dpag tu med pa'i gong rol nas tshogs smon las 'phro dus 'dzom pa'i skyes bu khyod nyon cig / rnam pa thams cad mkhyen pa sangs rgyas kyi go 'phang la bgrod par 'dod na / bla ma la mos gus thang lhod med pa'i sgo nas spyod lam kun tu bsnyen pa dang / mched grogs la brtse gdung dang dag snang sbyong ba rgyun mi chad pa dang / sems can la snying rje drag po'i sgo nas thar pa dang thams cad mkhyen pa'i go 'phang don du gnyer ba dang / 'dus byas thams cad mi rtag pa'i ngang tshul la rtag tu bsam nas 'khor ba'i bya ba btang ste byar med kyi ngang du gnas par bya ba rnams ni dam pa'i chos thams cad kyi yang snying bla na med pa yin no / / gdams ngag chud zos su mi gtong ba bla ma dam pa'i zhabs tog / dam tshig la ngo lkog med pa lha dang srung ma'i bla rdo / mi tshe chos la dril ba 'chi dus blo lhag med pa'i gnad gsum yin no / / dam tshig dang sdon pa srog ltar bsrung ba sgom chen tha mal du mi 'chol ba'i gnad dang / 'dod yon la chog zhes bsten pa yul ngan du mgo mi 'khor ba'i gdams pa dang / 'khor ba la snying po med par shes pa chags sdang gi zhen pa gcod pa'i gdams pa yin no / / 'jig rten gyi bya ba la zin dus med pa spos rgya'i ri mo lta bur shes pa bya ba'i mtha' sdud pa'i man ngag yin no / dang po bslab pa la brtan nas shes pa dang / bar du brtag cing dpyad pas rang rgyud la myong ba thon nas rtogs pa dang / de ltar shes pa dang rtogs pa tsam gyis grol ba mi 'thob pa'i tshul / dper na zas yod kyang ma zos na mi 'grang ba lta bu yin pas / bya ba dgi phrugs su btang nas bsgom pa'i stobs kyis rang thog tu brtan pa thob pa nam langs tshe mun pa mi 'byung ba lta bur rig pa'i gor yug tu rgya ma chad pa'i dus ni rig pa rang thog tu rang gding thob pa yin /

尊者應余所請而開示曰：『噫！善知識！其諦聽之！汝已同時積集福德與智慧資糧，且自阿僧祇劫以來，願力及宿緣與時增上。若欲達遍智境及佛道，則應於行持中以不退轉信意取悅上師；無時不具慈心及正見以待金剛兄弟及後輩；對有情則具廣大悲心，以求達解脫及遍智境；復捨棄墮輪迴之作為，恆時思維一切有為法之實相皆無常。此住於無作境地之法，即殊勝圓滿佛法之無上心要。

下來即三要訣：能不失壞竅訣即承事上師；遵行誓句，表裏一致，即本尊與護法之「神魂石」；將此生融於佛法中，則能令此心生起死而無憾之感受。

護持誓句如護持生命，乃確保大修行人不墮為凡夫之要訣。於妙欲則應知足，此乃不為卑下外境所惑之忠告。須了知輪迴無自性，此乃斷除執於貪瞋之忠告。

須知：有如香鐘之燃燒連續不斷，輪迴中一切所作亦無了期，此唯直指教授可以斷之。

乙四　現得果位（分二）

丙一　根本解脫之真實次第為果

初際，行者依修習以知之。後際，行者思維分別自心相續中之覺受，令證悟增上。然只止於了知或覺悟，則仍不能解脫，此即如雖有肉而不食，則仍不得飽。

譬如破曉一至則黑暗頓消。若因修持力已捨棄一切行，則於當下境界頓能得定。若於本覺之總相無有支離，則頓能證知當下境界中之內自信意。

da dung de tsam gyis ’tshang rgya bar mi ’gyur bas chos can gyi snang ba chos nyid du zad nas ’khor ba’i snang sems kyi dri tsam yang med pa’i chos dbyings kun nas zlum pa chen po’i ngang du ’byams klas pa ni grol ba’i sa ru phebs pa yin / snang ba der yang shes sgrib phra ba’i phra ba yul med du sangs nas ji lta ji snyed kyi ye shes chen por dbang bsgyur nas chos sku nam mga’ lta bu sku gsum mnyam brdal gyi rol par sangs rgyas pa yin no / / rigs kyi bu gzhi ma rig pa rtsal rnam par rtog pa skye ’gag can ni sems kyi mtshan nyid yin no / / gzhi mngon du gyur pa rtsal ye bab chen po ni rig pa’i mtshan nyid yin no / / gzhi’i gnas lugs shes pa ni gzhi’i rig pa yin / chos nyid mngon byed kyi shes pa dwangs gsal rnyogs ma dang bral ba ni lam rig pa ste / gnyis ka dus ’dzom pa la khyab brdal rig pa rdzogs pa chen po yin no / / rnam par rtog pa’i cho ’phrul mched pa’i snang ba thams cad mngon du byed pa’i shes pa la yid ces bya ba dang / snang ba mched pa’i yul drug go ma ’gag pa la yid kyi rnam par shes pa zhes tshig tu brjod pa’o // ’khor ’das stong nyid chen po’i ngang tshul ji lta ba bzhin du shes pa gzhi’i shes rab / shes pa zang ka rgya yan go ma ’gag pa nyid ngo ’phrod pa lam gyi shes rab / de gnyis ka dus ’dzom pa la khyab byed kyi shes rab zhes bya’o /

縱達致此境，仍未可說為已證覺至佛道。當明相消融於法性之際，即於無上無遺之法界中得自在，且超越明相及輪迴心識等極微細污染。此便即登解脫地。於此覺受境界中，縱使極微細之所知障亦清淨無餘，遂得自在於如如真實法性及諸法別相之無上智慧。是故，行者於虛空法身中證覺成佛，此法身即三身之平等展現。

丙二　生起清晰辨別及無誤指示要義之口訣（分四）

丁一　辨別心與本覺

噫！善種姓子！心識之實相，毋乃本始基中本覺之無明，而妄念之集與滅則為此無明之力用。本覺之實相，乃現證本始基，而自無始以來已具之廣大真實自性則為其力用。

本覺之「根」，乃覺知本始基之實相。本覺之「道」，乃微細光明覺性，離污垢及現證真實法性。當此二分同時，即為大圓滿，本覺既廣大且周遍。

丁二　辨別意與般若

「意」（yid）者，現證一切浮現明相，無非為妄念所作之識。

「意識」（yid kyi rnam shes）者，即六塵無間浮現種種顯現之處所。

般若之根，乃如實了知輪湼之實相即廣大空性。般若之道，乃直指於赤裸及任運覺性，本來如是之無間處所。當此二分同會，則名為「能遍般若」。

/ 'dod yon gyi snang ba mched pa'i snang yul go ma 'gag pa la rnam par shes pa dang / snang ba la dngos por 'dzin pa'i rnam par rtog pa la las rlung zhes bya'o // yid kyi shes pa phra rgas dus 'dzom pas 'khor ba yongs su grub pa'o / / chos nyid bde gshegs snying po'i ngang tshul ji lta ba bzhin du shes pa ji lta ba mkhyen pa'i ye shes / chos nyid de bzhin nyid kyi gnas lugs mngon du byed pa'i dus su kun shes kun rig gi go ma 'gag pa la ji snyed pa gzigs pa'i ye shes / de mnyam du brdal ba la ka dag mnyam pa nyid kyi ye shes zhes bya'o // gzhi ma rig pa'i dbang gis lung ma bstan du song ba dper na gnyid kyi ngang du rmi lam sna tshogs snang ba ltar kun gzhi'i mkha' la las rlung sna tshogs.... gyos pa 'khor ba kun gyi gzhi dang rtsa ba'o / / chos can gyi snang ba thams cad chos nyid spros mtha' bral ba 'khor 'das dag mnyam chen po har sangs pa'i ngang du rgya yan pa chos sku kun tu bzang po'o / / rigs kyi bu chu zla dang chi'i gzigs brnyam thams cad chu'i rol pa chu las ma 'das pa dang / snod bcid brtan gyo thams cad nam mkha'i rol pa nam mkha' nyid las ma 'das pa dang / 'khor 'das thams cad chos nyid gcig gi rol pa chos nyid las ma 'das pa'o / / de ltar gzhi'i chos sku gting gsal chen po mngon du byas pa'i dus der ngo bo 'khor 'das dag mnyam gyi chos sku / rang bzhin ye shes yon tan gyi longs sku / thugs rje rang gsal sgrib gyog dang bral ba'i sprul sku / de'i rol pa don dam pa'o /

丁三　辨別識與智

「分別識」(rnam par shes pa) 者，即妙欲生起種種顯現之無間處所。「業風」(las rlung) 者，即賦予明相種種實性之尋思分別。意識之粗細二分雙運，遂有輪迴圓滿建立。

「智」(ye shes) 者，了知法性本來如是，了知如來藏之實相。能了知種種別相之智，乃於實相本來如是之際，無間現證真實法性，遍知遍證之處所。此二者雙運，即「本淨平等性智」。

丁四　辨別阿賴耶與法身（分二）

戊一　真實之辨別

因本始基之無明，遂有無記業境界。業力之種種微細方分，於阿賴耶 (kun gzhi) 中流轉，猶如於昏睡中展現之種種夢境。此即一切輪迴之根。一切事物之明相，於輪涅大平等清淨中倏爾醒現，即於離名言戲論邊之法性中任運自在而顯，此即法身普賢王如來。

種姓子！水中之月及一切境，實乃水之展現，不離於水。情器動靜世間，無非虛空之展現，亦不離於虛空。一切輪迴涅槃，為唯一法性之展現，亦不離於法性。

是故，於現證廣大甚深光明本始基之法身 (chos sku) 時，法身即為體性、即輪迴涅槃之平等清淨。報身者，即智慧與功德之自相。化身者，乃大悲心、內光明，且離蓋障。此等展現即勝義諦。

/ gzhi ka dag gi ngo bo ma rig pa la kun gzhi / de'i gdangs las snang ba rtsal sems byung gi rol pa kun rdzob ces bya ba yin no / / 'di ltar rol pa dang / chings pa dang / khyab pa.... dang / brdal ba'i ngang tshul thams cad shes par byas te / chos nyid rang kar 'dug pa / ngang bzhag blo 'das rgya yan chos nyid ci yang ma yin pa'i brjod bral chen po nyid du la bzla zhing / rnam pa thams cad mkhyen pa'i ye shes chen po ma 'thob kyi bar du thang lhod med pa'i brtson 'grus drag pos nyams su blang ba ni gnad mchog tu zungs shig / ces gsungs shing chos nyid kyi dbyings su 'byams klas so zhes pa 'di yang skye ba du mar las dang smon lam gyis 'grel ba'i sprul sku padma lung rtogs rgya mtsho dang mkhyen rab rgya mtsho gnyis kyis nan du bskul ngor / khrag 'thung bdud 'joms rdo rje gro lod rtsal gyis sgyu 'phrul rol pa'i klong mdzod las gtan la phab pa / chos kyi bdag po skyes mchog drug cu rtsa brgyad du mkha' 'gros lung bstan nas rten 'brel gri dus tshigs thog ma yin ces o rgyan chen po'i bkas gnang ba phebs pa'o / / rang gi rigs sras dam pa mkhas mchog bsod nams bstan 'dzin (rto grub rin po che) gyis zhus dag nan du bgyis pa'o //

「阿賴耶」者，即不明此本淨本始基之體性。「世俗諦」者，即以明相為力用，心所為展現。即由此無明向外投射之浮現。

戊二　要義略説

既能如是了知展現、總基、周遍及自在等之本性，行者隨入於當下即顯之法性。此法性離言詮、無內無外、住於實相、離凡夫心識、任運自在。且記取此無上殊勝要義，以精進及不退轉之修持，至得遍智之無上般若方休。』

言至此，尊者遂入於法性中。

甲三　論後義

本文乃應蓮花教證海（Padma lung rtogs rgya mtsho）及般若海（mKhyen rab rgya mtsho）二位轉世上師之請而作。二位上師與余自多世以來，以共同業力及信力故，皆有夙緣。余，飲血摧魔金剛具力遊戲（Khrag 'thung bdud 'joms rdo rje gro lod rtsal），自幻化顯現之大界寶庫中編纂本文。依空行母之授記，六十八位聖者為本文守護。受命於大鄔金，今始得吉祥緣起匯集。余子，淵博正士福德持教[8]，詳訂文稿。

8　福德持教（bSod nams bstan 'dzin, 1865-1926）即多竹千三世（rDo grub chen III）。

de ltar ka dag rdzogs pa chen po khregs chod kyi gnas lugs chen por ston pa'i khrid rim snang sbyang du grogs pa 'di la / sngon chad rje rang nyid kyi skyu'i sras kyi thu bo rdo grub rin po che nas zhus dag cing zad gnang bar mngon yang da dung ma phyi nor ba rgyun 'byams su song bas yig skyon shin tu mang bar brten / dbal mi'i dbang po tha'i ji tshe dbang rig 'dzin rnam par rgyal ba'i thugs bskyed phrin las kyi cha las chos sku'i ring srel chos sbyin mi 'dzad pa'i gter du bsgrubs par mdzad de yab gzhis bsam 'grub pho brang gi gandhola lar bzhugs su gsol ba'i skabs spar gyi phyi mor legs par dpyad pa'i sgo nas zhus te gtsang dag du gtan la 'bebs pa po ni khrag 'thung rig 'dzin chen po'i skye ba'i sgyu gar du rlom pa 'jigs bral ye shes rdo rje ste / 'dis kyang 'od gsal rdzogs pa chen po'i bstan pa la bya ba rlabs po cher spyod pas skal ldan gyi gdul bya dpag tu med pa nang dbyings gdod ma'i gzhi thog tu mngon par grol ba'i rgyur gyur cig / shu bham // //

跋

敦珠甯波車無畏智金剛

本文簡名為《淨治明相》(*sNang sbyang*)，乃次第解說經由修「立斷」(*khregs chod*「且卻」)，而證本淨大圓滿、即廣大實相之教法。昔日本論曾由尊者長子多竹甯波車校閱。然其後本文已多歧誤，致令現今訛亂之版本存世仍多。以此之故，因吉祥王者台吉壽自在持明勝利(Tha'i ji tshe dbang rig 'dzin rnam par rgyal ba)之發心事業，遂有此無盡佛法寶藏之版本，直如法身之舍利。

當本文版片藏於某世達賴喇嘛父親之祖業、名為如意宮廟堂之際，余曾校閱此定本，並力求準確。此修訂版乃余無畏智金剛，計自身為幻化舞者，為廣大忿怒尊及持明之轉世而審定。願本文於光明大圓滿教法生大助力，復願本文能成須受調伏之無量具福眾生，得內基界，即本始體性基當下自在之因。

吉祥

《現證自性大圓滿本來面目教授・甚深秘密藏》釋義

《現證自性大圓滿本來面目教授‧甚深秘密藏》釋義

敦珠法王 造

無畏金剛 釋

沈衛榮 譯

【釋】 第二世敦珠法王此論，為釋第一世敦珠法王摧魔洲（bDud 'joms gling pa, 1835-1904）尊者所造《淨治名相》（*sNang sbyang*）之釋論。摧魔洲論標題可能是《現證自性大圓滿本來面目教授‧淨治明相》（*Rang bzhin rdzogs pa chen po'i rang zhal mngon du byed pa'i gdams pa snang sbyang*）。說「可能」是因為本論傳世後版本甚多（多次抄本），而且漶漫過甚，所以傳本標題亦有岐義，唯藏土皆通稱之為《淨治名相》。

曾面見摧魔洲尊者之蓮花教證海（Padma lung rtogs rgya mtsho，貝瑪龍多嘉措），將此論修訂，題名為《現證自性大圓滿本來面目教授‧甚深秘密藏》（*Rang bzhin rdzogs pa chen po'i rang zhal mngon du byed pa'i gdams pa zab gsang snying po*），第二世敦珠法王即據此而作本論，以釋其義。

但其後敦珠法王又親自校訂一過，改題論名為《現證自性大圓滿本來面目教授‧無修佛道》（*Rang bzhin rdzogs pa chen po'i rang zhal mngon du byed pa'i gdams pa ma bsgom sangs rgyas bzhugs so*），且為之作科判，科判標題則為《大圓滿立斷淨治名相攝義科判》（*rDzogs chen khregs chod snang sbyang gi bsdus don sa bcad bzhugs*）。

《甚深秘密藏》與《無修佛道》二者比較，〈正文〉僅略有參差，唯〈序分〉與〈後分〉則不同。前者〈序分〉為十二頌，後者〈結頌〉為三十二頌。後者則為長行，且內容亦有岐異。本論則依《甚深秘密藏》而釋。此或因造本論時尚未修訂成《無修佛道》本之故。

本論分三分，然實僅具〈序分〉。何則？以此〈序分〉已明「現證自性大圓滿本來面目」之「甚深秘密」義，亦即「無修佛道」之根本義，此為了義大中觀修習之抉擇與決定，由是說此〈序分〉已足。本論由沈衞榮譯出，至西元2008年9月，余始於關房中修訂，並略加註釋。

Namo Guru Vajradhara
（頂禮金剛持上師）

茲說此《現證自性大圓滿本來面目．甚深秘密藏》，分序分、正文及跋尾三品。

其一序分，復分說名稱、說禮供、及承許著作三門。

【釋】　「現證自性大圓滿」者，即現證「本來面目」，此同禪宗所說。此以大圓滿之「自性」為「本來面目」，故說為「現證自性大圓滿本來面目」。是即可說為現證大圓滿、現證如來藏、現證自然智與後得雙運之智識雙運界。

其一說名稱者。

即如火之自性為熱、蔗糖之自性為甜，一切法之自性則不出空性而已，故曰「自性」。

【釋】「熱」與「甜」皆識境中之名言施設，故「空性」亦為名言施設，屬識境中事。

由是知「大圓滿自性」等，無非皆是施設，是皆「言說法相」。讀者須依此「言說法相」而了悟「離言法相」，若真將火之自性認之為熱、糖之自性認之為甜，則落於識境，不成證悟，以熱與甜，非火與糖之本來面目，非以大圓滿自性為自性。

因輪、涅、道三者之一切法，於明分中圓滿、於菩提心界中圓滿，故曰「圓滿」。

【釋】輪迴涅槃一切法，具足明分，故成了別，即諸佛化報二身亦具此了別，故始成認知。是即不離勝義菩提心之世俗菩提心功德。此即是「道」。於此亦說為「明空雙運」，是為「於菩提心界中圓滿」。

如是知明分已，即知智識雙運界，故曰輪、涅、道一切法於菩提心界中圓滿。菩提心界者即智識雙運界。

因自現為捨離、證悟、事業三者之大主宰，故曰「大」。

【釋】捨離為離識境（輪迴）、證悟為現證自然智（涅槃）、事業為後得（道）。三者同時，皆為無間。

故不許唯識今學所說之「自證分」，以彼「自證」不能無間故，亦不能證自然智故。亦不許小中觀所持之「空性」見，以自然智不落任何見地故，持空性見即不能證後得故。

因其為根本清淨無過之法身，故曰「本來面目」。

【釋】 此言「本來面目」具「根本清淨無過」之自性。以其依於根本清淨基（智境）故。由如是智識雙運，即知何謂「本來面目」。此如認識電視螢光幕上影像，須連同螢光幕而認。若但見影像，則落識境，所見必非「本來面目」。

於彼突然為二取之垢所障而不現前者，有如具二大秘密，且成為一切甚深法藏現前之教授，故曰「現證」。

【釋】 受障而不現前者，為智識雙運界，是即如來法身及法身功德。此即二大秘密；令此二秘密現前者，即此甚深法藏，行者由是得證悟智識雙運界，故「甚深秘密藏」即為現起大圓滿自性法身之「甚深秘密」施設。是即由言說法相以令得現證離言法相。

其二說禮供。復分為三 ——

一者，因其與具恩根本上師無別，且生起具諸佛智慧之本尊，尤其指示經文智慧分之如實勝義聖諦不共主要義，故曰「南無古魯文殊師利」（Namo Guru Mañjuśrī）。

若將此善構語與藏語對照，則「南無」者為「頂禮」、「古魯」者為「上師」、「文殊師利」者為「妙吉祥」。總其義則為「頂禮妙吉祥上師」。於其義，有世俗方便釋與勝義智慧釋兩種。

如其一者〔世俗方便〕，由「古魯」之字音稱為「上師」者，言其荷教證功德海之重負；其意則無二障污垢粗惡之過，曰「妙」；身具〔諸佛〕相好之「吉祥」、音具六十支「妙音」，故即以三門虔誠頂禮。

【釋】 此說禮供，實禮供如來藏、智識雙運界。但所供為外義。

今先說頂禮上師妙吉祥（妙音），即說智識雙運。身語意三門，其意為離二障，是即智境；其身語為示現，是即識境。以此智識雙運成教證功德海，故應頂禮。

如其二者〔勝義智慧〕，荷基位自成大寶功德之重負，〔曰「上師」〕；其本性無戲論之柘，曰「妙」；其基相有色身功德之相升起且住，故「吉祥」；智慧風息之自生語調住於金剛之相，故曰「音」。此境本性與有境聚集各各自語之智無二一味，具「頂禮」之名。如《五次第》云——

水者如何入於水　火者入火亦如是
自之本性智慧者　謂其善見即頂禮

【釋】 「基位」即法身、「大寶功德」即法身功德。釋「妙」與「吉祥」即釋智識雙運之如來藏。

本段要義在釋「頂禮」一詞，以自悟之智入於本智，如水入水，是即「頂禮」，此為最上殊勝義。

自悟之智不離識境相，但離識境之戲論，此亦如法爾本智（自然智）不離識境相，恆常雙運。此為了義大中觀口訣。行者不可能自身離識境而住，故不能離識境相。所謂滅受想者，則連識亦未離，但壓制心識而已；入唯識見者，亦實恆時住於心識所變現之境；至於唯空，非無所住，實住於名言施設之空性境而已，仍未離識境造作。是知所謂捨離，名為離識境者，實應為離識境名言，於盡離名言戲論，即成捨離。於其時行者實住入樂空無二，樂為識境吉祥，空為智境曰妙。

二者，頂禮妙乘共許佛、師者，乃以不變之信頂禮本初遍主（原作「遍主本初怙主」）等，及現證成一切部喜樂根本之大遍主佛。本初怙主意智〔雙運〕之大幻化化身，具勝者法報化三身本體不勞自成之吉祥。凡成為身、語、意、功德、事業五者不可思議莊嚴最勝功德海之所依處者，乃指頂禮示現了義金剛持。此乃據第一種釋義（世俗方便）而釋。

【釋】 行者現證成大遍主佛，始為頂禮，此義同上第二釋義，此即謂頂禮妙吉祥上師之勝義智慧頂禮。於此為對大遍主佛之世俗方便頂禮。此非分優劣，實施設為次第。於頂禮上師妙吉祥，由識與智而說，尚為相對緣起中事，故決定為密相礙，即智境為基、示現周遍一切界識境，此中一即是多、多即是一，由是而成智識雙運。

今頂禮大遍主，仍由現證而成頂禮，唯其現證，已着重以遍主為「一切部喜樂根本」，是由先證大樂，然後現證大樂所住之根本。如是而成抉擇。

此中說「一切部」，即為原論中之頂禮「智自在成就一百持明」。此實說大圓滿八大忿怒尊之廣修百部，故云「一切部」。

及至決定，則決定化報二身之身、語、意、功德、事業五者，依遍主法身而住。此已由現證認知法身為所依，一切色身為能依。如是決定密相礙功德，悟入如來藏。

若按第二種釋義，具遍滿一切基界有寂之體性，現前為無始以來本住之空性，此〔空性〕住於解脫有寂希疑之依怙。明相幻化之莊嚴法身、自性無礙光明之報身、由悲心力一再示現之化身，具三身任運成就之吉祥，故為不可思議最勝功德海之處。頂禮方式，當先證悟。

【釋】 此已抉擇本始基為「本住空性」，本始基則為具大平等性之怙主（法身）。由是決定三身無分別，依此決定而成現證。此已離密相礙，住大平等性，亦即入密密相礙而住。

三者，頂禮與自性伏藏大師法王同體、大鄔仗那愛慧勇（Blo ldan mchog sred rtsal）者，乃智自在。對此亦有兩種釋義方式。

【釋】 愛慧勇為蓮花生八大變化身之一，其藏名通常略去 rtsal 字，故漢譯亦多略去「勇」字。

按第一種釋義方式，智自在者，為印藏百持明之首、鄔仗那大阿闍梨之心智吉祥。且以無我證悟之智，斷除於蘊戀我與貪隨眠，故不墮輪迴；又以大慈悲心，執一切有情為優勝，故關注於成就彼等之利益。故於聲聞、緣覺，〔令其〕不墮入空寂之界。如《寶性論》所云：「菩薩已證心本性，遣除生老病死已，復以悲憫有情故，由是示現有生死。」具無緣大悲之力者，為直傳與傳承上師之本性，住於心不散明點脈中，無有分別之樂，化現為自悟如來藏之清淨輪，故頂禮之。

【釋】　此住於密密相礙而成抉擇與現證。是即由離生死之基，示現具生死之境，決定於大平等性中成一切界，如是現見如來藏。

如第二種釋義之方式，住於基之本性、自生大智之體性，即智自在；持所有明分之天然功德，是為持明；此為如應現前之主尊，為百大德之首。於基界之空中，證悟明智，故為鄔仗那（按：udyāna 意為「遊戲處」）；遠離偶生之能蔽，果得現前，故稱為「大」。基相之勇智慧與悲心無礙升起，故日「愛慧」。具證悟之親傳諸上師亦不出此本性，故稱為喜樂化現為諸自悟者之輪，是為頂禮之名。

【釋】　本論正行，分見修行果而說。見為無有、平等、圓成、唯一；修為捨離一切名言顯現；行為住入智識雙運；果為現證本始基法身。此即具足三身，故釋論即說此現證為頂禮。又，說蓮師八相之愛慧勇為百持明之首者，亦有說八大忿怒尊之意。說其廣修持明百部，總持一切生起次第密要，現證三三摩地（法性真如、事業最勝、最勝總持），以愛慧勇事業為統攝。愛者，為如來法身功德，故為一切世間殊勝之愛；慧者，與根本智雙運之後得智，說為世間慧；二者雙運，是為「勇」（勇具「力」義）。此亦涵如來藏義，是即明「大圓滿自性」為何。

前已現證本基功德，此處則現證本基，是現證如來藏圓滿。此際法身，施設名言為「智慧勇識」（jñāna-sattva），是亦即「愛慧勇」之本義。

復次，因證得根本義，故示現道相，亦間接示現，以道修生起之力用，除為基之功德現前外別無他果。由是圓滿示現基、道、果三者〔無分別〕之相。

若爾，前後三禮贊與勝義各各成對，則成同一要點。

以其生起表義之門類不同，決定義亦不同，故無重複之過。

【釋】 同一要點者，即智識雙運如來藏為現證果（輪、湼、道三者圓滿）。由是即現前以「大圓滿自性」為自性之法身，是即行者之「本來面目」。

其三，承許著作者，乃所有勝者（諸佛）。

所有勝者之智，於法界無分別一味自性中，不依學、修；不依法性虛空藏之標誌，自然解脫。有云：此乃非人自顯現為最勝秘密之師，作為所化機之道入門，而成耳傳相賜之希有甚深口訣，故當安立。

【釋】 「非人」指夜叉等，密傳金剛眾即夜叉眾。八大忿怒本續即以天、龍、夜叉為「持明表義傳承」之持明眾，其時尚未有人持明。

此說諸佛內自證智一味，是不依言說而自解脫之智。

根本科判之第二〔正文〕及第三〔跋尾〕，經文中已有詳細講說。

自悟無生智慧者　現於不動金剛性
甚深秘密藏口訣　敬請受用其精華

無畏智金剛稍作通釋，願吉祥。

【釋】　《現證自性大圓滿本來面目教授》之三種之〈頂禮〉，由甚深口訣可衍釋為現證如來藏、行者見本來面目之次第，於勝義，諸次第亦無分別，以其分別無非只為名言施設之基、道、果，而三者實無分別故，由是說為一味。由無修而證者，則說為離識境名言（戲論），由住「無有」而住「唯一」、而住「平等」、而住「圓成」，是為次第。但亦可說為無有次第，基道果三無分別故，所言次第，僅為行者之心態。

能依此義而讀《淨治名相》，當能得甚深口訣。

弟子頌雄為指出本論來源，足見其淵博，可喜。

無畏金剛略釋竟。願吉祥。時為西元二千又八年十月七日。

徵引書目

漢譯經論：

《法句譬喻經》四卷

西晉法炬共法立譯，T 211。

《濡首菩薩無上清淨分衞經》二卷

宋翔公譯，T 234。

《大寶積經・法界體性無分別會》二卷

唐菩提流志譯并合，T 310。

《文殊師利菩薩佛刹功德莊嚴經》三卷

唐不空譯，T 319。

《文殊師利所説不思議佛境界經》二卷

唐菩提流志譯，T 340。

《聖善住意天子所問經》三卷

元魏毘目智仙共般若流支譯，T 341。

《勝鬘師子吼一乘大方便方廣經》一卷

劉宋求那跋陀羅譯，T 353。

《寶積三昧文殊師利菩薩問法身經》一卷

後漢安世高譯，T 356。

《如來莊嚴智慧光明入一切佛境界經》五卷

元魏曇摩流支譯，T 357。

《度一切諸佛境界智嚴經》一卷

梁僧伽婆羅等譯，T 358。

《大般涅槃經》四十卷
北涼曇無讖譯，T 374。

《維摩詰經》三卷
姚秦鳩摩羅什譯，T 475。

《佛說魔逆經》一卷
西晉竺法護譯，T 589。

《商主天子所問經》一卷
隋闍那崛多譯，T 591。

《大樹緊那羅王所問經》四卷
姚秦鳩摩羅什譯，T 625。

《佛說未曾有正法經》六卷
宋法天譯，T 628。

《寶雲經》七卷
梁曼陀羅仙譯，T 658。

《大方等如來藏經》一卷
東晉佛陀跋陀羅譯，T 666。

《佛說不增不減經》一卷
元魏菩提流支譯，T 668。

《解深密經》五卷
唐玄奘譯，T 676。

《佛說法身經》一卷

宋法賢譯，T 766。

《能斷金剛般若波羅蜜多經論釋》三卷

唐義淨譯，T 1513。

《瑜伽師地論》百卷

唐玄奘譯，T 1579。

《唯識三十頌》一卷

唐玄奘譯，T 1586。

《辨中邊論》三卷

唐玄奘譯，T 1600。

《大乘莊嚴經論》十三卷

唐波羅頗蜜多羅譯，T 1604。

《大乘起信論》一卷

梁真諦譯，T 1666。

《成唯識論》十卷

唐玄奘譯，T 1830。

《大乘義章》

隋慧遠撰，T 1851。

《高僧傳》十四卷

梁慧皎撰，T 2035。

《曆代法寶記》一卷

隋費長房撰，T 2075。

《景德傳燈錄》三十卷

宋道原纂，T 2076。

《傳法寶紀》一卷

唐杜朏撰，T 2838。

近代學術研究：

耿昇

1994.《吐蕃僧諍記》，台北：商鼎文化。

郭元興

《實相寶藏論》，龍青巴造，油印本。

胡適

1935.〈楞伽宗考〉，收張曼濤編《現代佛教教學叢刊》第四冊。

劉立千

2000.《大圓滿虛幻休息論妙車疏釋等合編》，龍青巴造，北京：民族出版社。

藍吉富

1993.〈壇經的修證理論與藏密的大圓滿法門〉，收《中國佛教泛論》，台北：新文豐出版社。

談錫永

2010.《大圓滿心性休息導引》，台北：全佛文化。

2009.《辨法法性論及釋論兩種》，台北：全佛文化。

2006.《如來藏論集》，台北：全佛文化。

2006.《寶性論梵本新譯》，台北：全佛文化。

2005.《入楞伽經梵本新譯》，台北：全佛文化。

許得存

1997.〈中觀他空思想要論〉，刊《法音》3月號。

許錫恩

2008.《九乘次第論集》，台北：全佛文化。

楊曾文

1993.《敦煌新本・六祖壇經》，上海：上海古籍出版社。

Broughton, Jeffrey.

1983. "Early Ch'an Schools in Tibet", in Robert M. Gimello and Peter N. Gregory, eds., *Studies in Ch'an and Hua-yen*. Honolulu: University of Hawaii Press, pp. 1-68.

Gómez, Luis O.

1983. "The Direct and The Gradual Approaches of Zen Master Mahāyāna: Fragments of the Teachings of Mo-ho-yen", in Robert M. Gimello and Peter N. Gregory, eds., *Studies in Ch'an and Hua-yen*. Honolulu: University of Hawaii Press, pp. 69-168.

Reugg, David Seyfort

1989. *Buddha-nature, Mind and the Problem of Gradualism in a Comparative Perspective*. London: School of Oriental and African Studies, University of London.

1976. "The Meanings of the Term *Gotra* and the Textual History of the *Ratnagotravibhāga*", *Bulletin of the School of Oriental and Africa Studies,* University of London, Vol. 39, No. 2: 341-363.

附錄

《現證自性大圓滿本來面目教授・無修佛道》藏文本

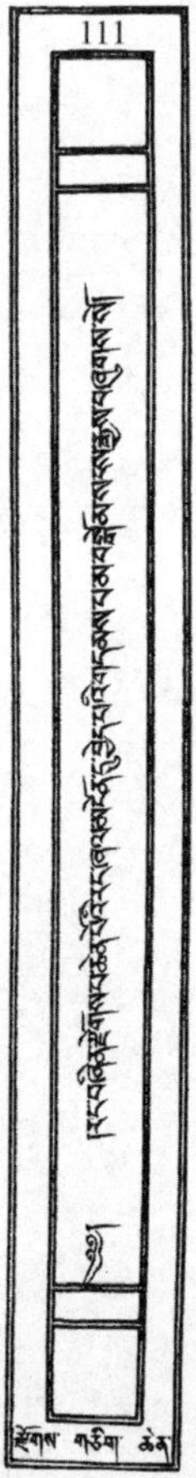

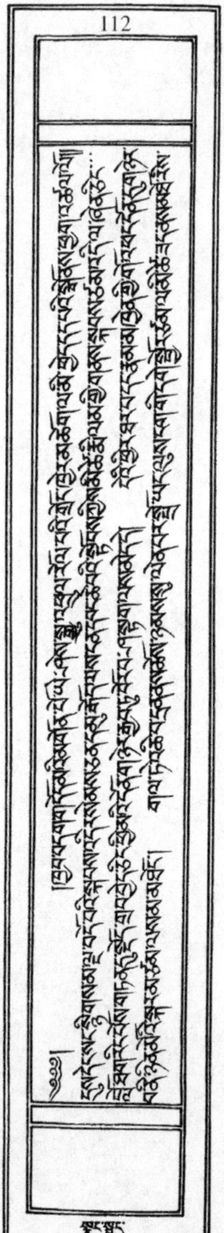

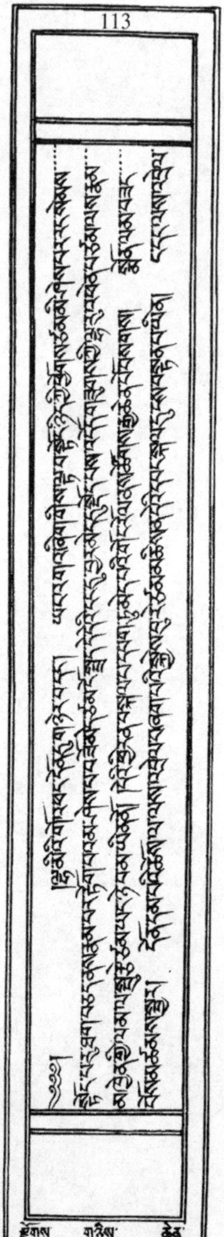

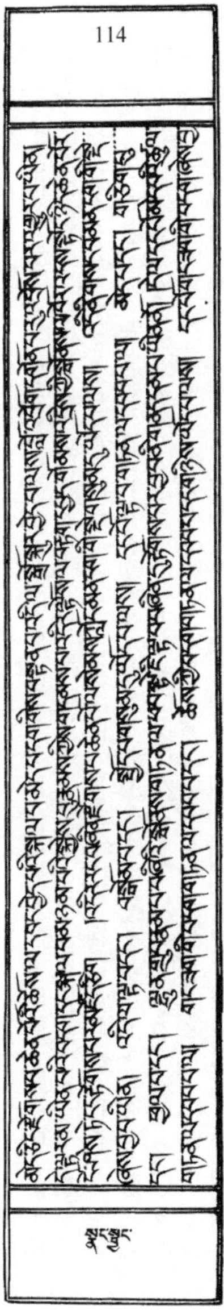
114

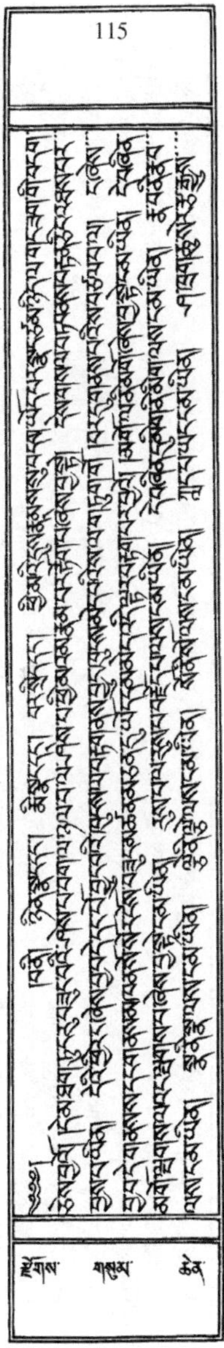
115

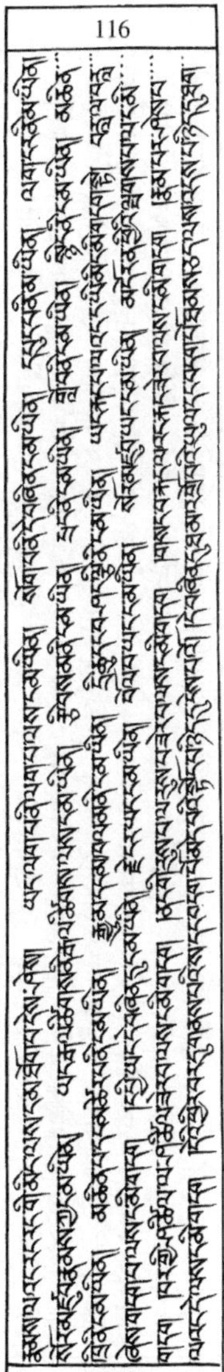
116

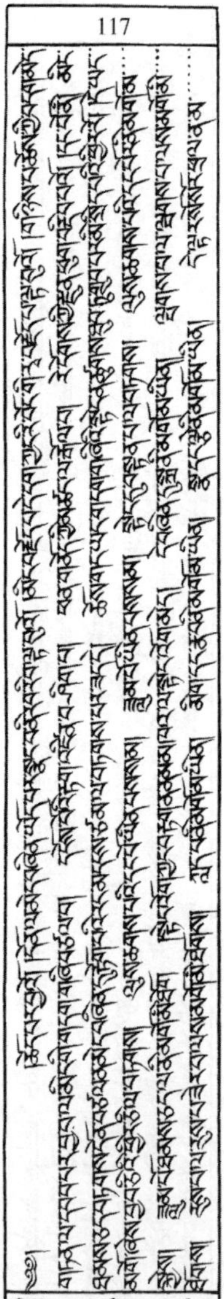
117

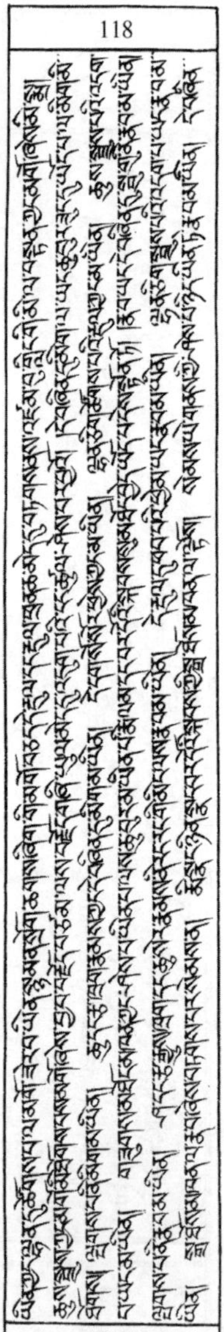
118

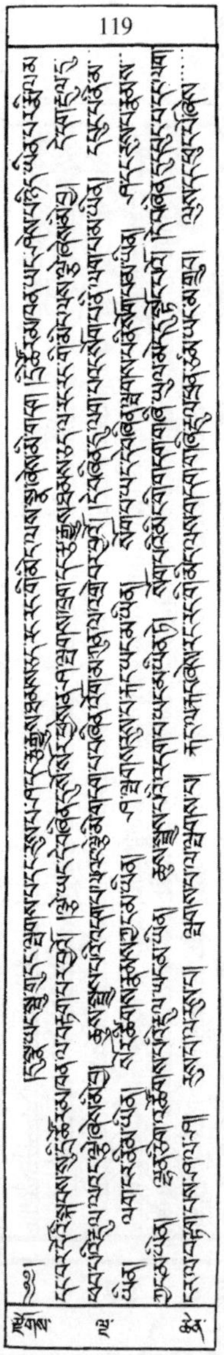
119

120

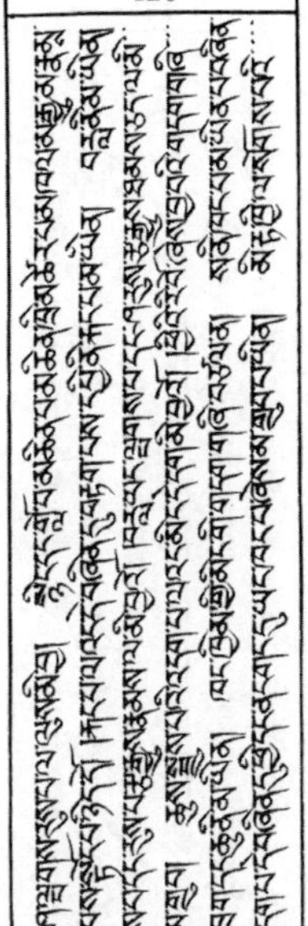

121

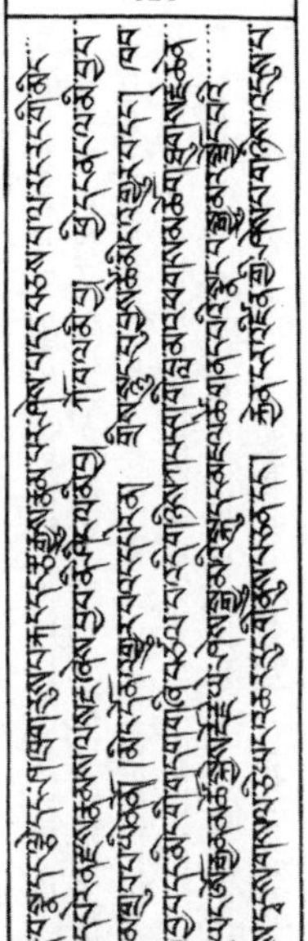

122

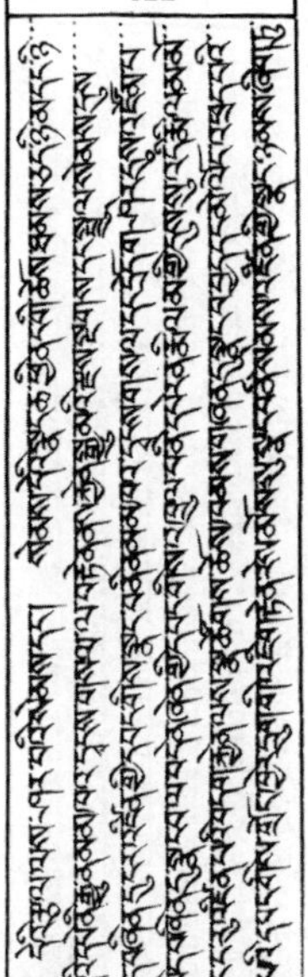

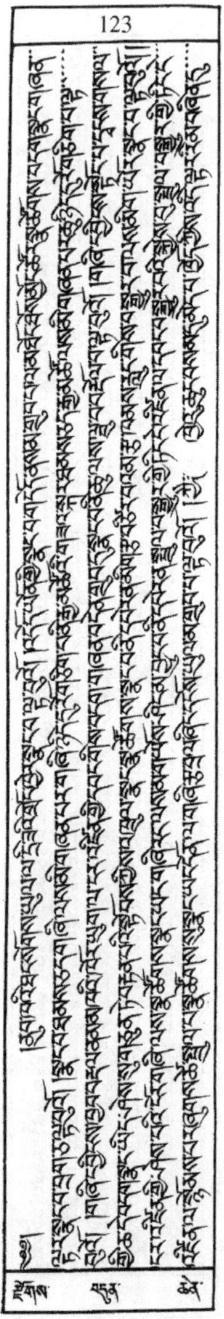
123

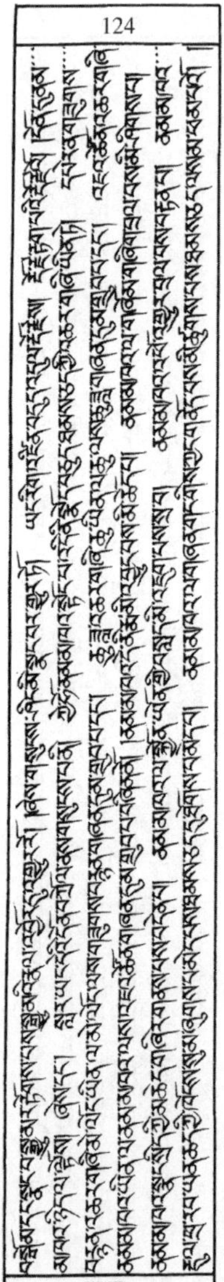
124

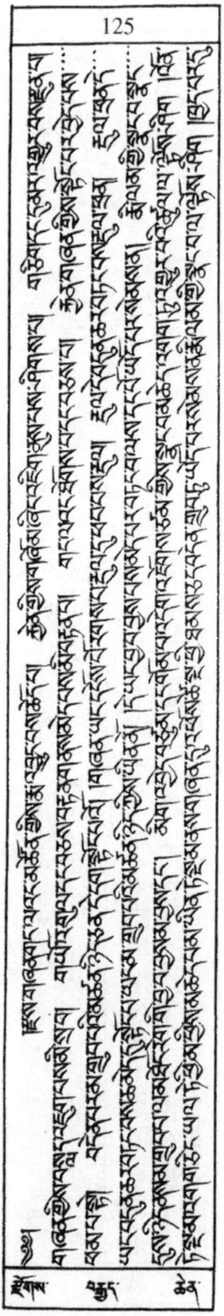
125

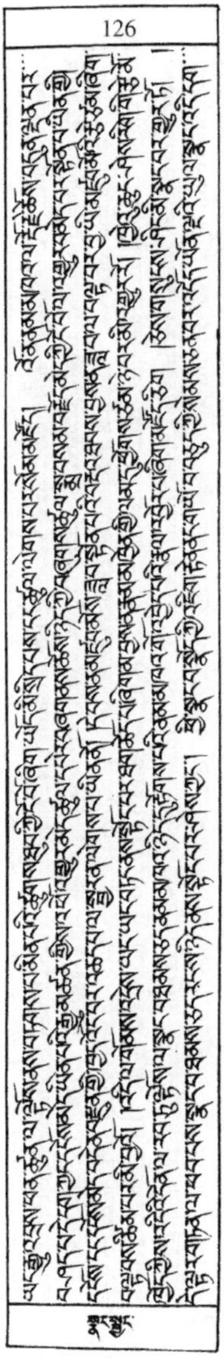
126

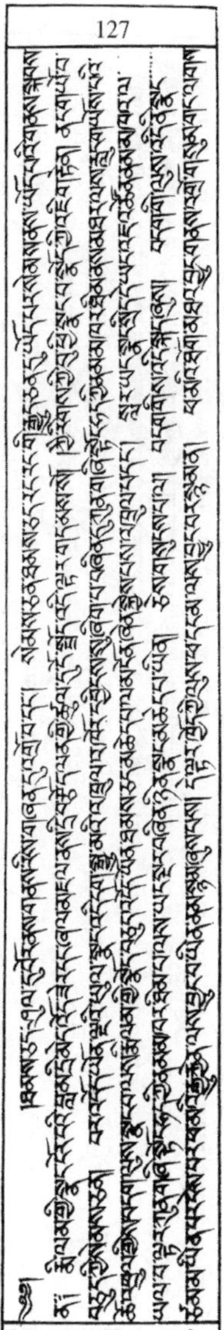
127

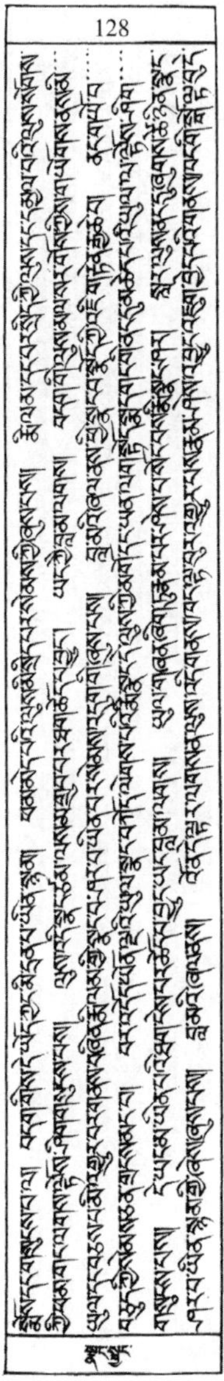
128

129

རྫོགས། བདུ། ཆེན།

༄༅། །ཆོས་ཉུང་ལ་སྦྱོར་ཤིག། །དེར་མ་ཟད་སེམས་ཀྱི་གནས་ལུགས་ཡང་ངོས་འཛིན་དགོས་ཏེ། སེམས་ལུས་ཀྱི་སྟེང་དུ་གནས་ན་སྐྲ་དུ་ཚོ་རམ་ཟུག་པ་ཙམ་གྱིས
ཟུག་རྔུ་ཅི་ལ་སྐྱོང་། སྐད་དུ་གནས་ན་དེ་བཞིན་སྙོད་དུ་ཟུག་རྔུ་སྐྱོང་བ་འདི་དོན་མ་མཆིས། དང་པོ་ཞུགས་སློབ་འགྱུར་འཇུག་བྱེད་པའི་རྣམ་པར་ཤེས་པ་ཐམས་རྡེ་ཡང་འཆེལ་བ་ཏེ་ལུས་ཐུབ་པ
དང་། ཡང་མ་རང་འཁྲིབ་སྟེ་ཕྱུག་སྒྲོ་རྣམ་ཅིག་ཕོན་པ་ཙམ་དུ་ཆེ་བུ་བྱེད་པ་མི་རིགས། །དེ་ལྟ་བུ་ཡི་རིག་གྲོལ་བའི་རྣམ་པར་ཤེས་པ་དེ་ཤི་བའི་དུས་སུ་ཡང་གླུར་བུ་མ་ཕོར་ཅིག་མི་འདུག །ཡུལ
གཞན་དུ་སོང་བའི་རྨི་ལྟར་གི་ཡུལ་དང་སྟེང་བ་རོ་གཅིག་སྒོ་ཐམས་ཅད་དགང་དུ་ཡོད། ཉིན་སྣང་གི་སྟོང་བ་ཟུག་དང་གཅིག་པས་ང་རྒྱུད་ད་མཐར་དུ་རྩོད། གཅིག་ཏུ་རྩོད་ན་གཉིད་ཀྱིས་མཚམས
བཅད་དམ་མ་བཅད། བཅད་ན་ནི་ཉིན་སྣང་མ་ཡིན་ལ། མ་བཅད་ན་འི་མི་ལྟུང་མ་ཡིན། ཡང་ན་སྣང་བ་དེ་ཉིད་རྟེང་འོག་གམ་ཕྱིན་ཆད་བྱུང་ནས་ཡོད་པར་བརྟགས་པ་ཡང་བཅོམ་ཡེ་ཏ་ཡིན
ནོ། །ཞེས་གསུངས། ཡང་བདག་གི་བླ་མ་ལགས། དེས་ཐབས་གང་ལ་གཅོད། བསམ་གྱིས་འཛིན། བླ་མ་མཆོག་ཉིད་ཀྱིས་བསྟན་དུ་གསོལ་ཞུས་པས་བླ་མའི་ཞལ་ནས། ཆོ་རབས

130

ཐོག་མ་མེད་པའི་དུས་ཀྱི་དུ་སྐྱེ་མཆེད་ཡང་སྐྱེ་སྣང་ཙམ་དུ་ཟད། འཆི་མཆེད་ཡང་སྣང་བ་གནས་འགྱུར་ཙམ་དུ་ཟད་པས་ན་ཆི་སྣང་དང་ཉིན་སྣང་ཧ་ཕྱུར་ཟད། མིག་དང་རྣ་བ་སྣ་དང་ལྕེ་དང་ལུས
རྣམས་སུ་གཟུགས་སྒྲ་དྲི་རོ་རེག་བྱ་རམ་ཐོང་ཐོས་ཚོར་གྱུར་སྐྱོང་བ་ཐམས་ཅད་རང་སྣང་རང་ལ་ཤར་བ་ཙམ་ལས་གཞན་དུ་སྐྱེ་ཟེ་ཙམ་ཡོད་མ་སྐྱེ། གལ་ཏེ་མ་རོན་སུ་མ་མིག་གིས་མཐོང་། དོན
ལ་གཟུགས་ཟིན། དབང་པོའི་སྒོ་སྐྱོང་བས་གཞན་ནས་རྒྱུད་པར་ཡོད་དོ་སྙམ་ན་ཀྱི་ལམ་གྱི་གཟུགས་སྒྲ་དྲི་རོ་རེག་བྱ་ཐམས་ཅད་དེ་དང་དེའི་དུས་སུ་བདེན་པར་སྣང་ཡང་སད་དུས་ཉིད་ནས་ཡུལ་མེད
ལ་ཡོད་མ་སྐྱོང་བ་དེས་རྟོན་ཏོ། །ཚེ་འཕོར་བ་ཐོག་མ་མེད་པའི་དུས་ནས་ད་ལྟར་འབོ་ཞིང་འགྲོ་མ་སྐྱོང་། ཡུལ་གཞན་དུ་སྤྱོད་མ་སྐྱོང་བའི་ཚུལ་ནི། རྨི་ལམ་གྱི་སྣང་བ་དང་མཚུངས་སོ། །རྨི
ལྟར་དང་ཉིན་སྣང་གི་བདེན་རྫུན་མེད་མཉམ་པར་སེམས་ན། སྐྱེས་ནས་ད་ལྟ་བར་གྱི་རྨི་ལྟར་དང་ཉིན་སྣང་གི་ཡལ་ཀ་སོ་ནམ་པ་བདེ་སྡུག་ལ་སོགས་པ་ཆགས་སྡང་ཐམས་ཅད་མཉམ་མི་མཉམ་བརྟགས་ཤིག །
དེ་གཉིས་ལ་དུས་པ་ཡུན་རིང་ཐུང་དང་། གྲགས་མང་ཉུང་མེད་པའི་ཚུལ་ལ་ཞིབ་ཏུ་བརྟགས་ནས་ཤུགས་པས་ཐག་ཆོད་པར་འགྱུར་རོ། །དེར་མ་ཟད་རྨི་ལྟར་མེད་ན་ཡང་ཉིན་སྣང་བདེན་པ་ཡིན་ནམ། རྨི་ལྟར

131

རྫོགས། བཅུ་གཅིག ཆེན།

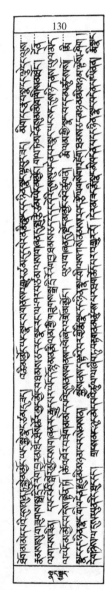

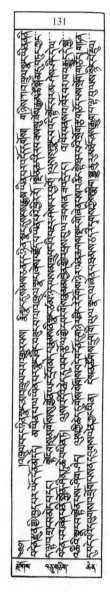

༄༅། །འཁྲུལ་པ་དང་ཉིན་སྣང་མ་འཁྲུལ་པར་འགྱུར་བས། རྨི་ལྟར་དུ་སེམས་ཅན་དང་ཉིན་སྣང་དུས་རང་རྒྱུས་ཡིན་པར་འདོད་དགོས། གཉིས་ཀ་འཁྲུལ་སྣང་ཡིན་ན་ནི
བདེན་རྫུན་གྱི་ཁྱད་པར་ཡོད་དོན་མེད་དེ། མ་ཡིན་པ་ལ་ཡིན་པར་སྣང་ཞིང་བཟུང་བ་ལ་འཁྲུལ་སྣང་ཞེས་བརྗོད་པ་ཡིན་པའི་ཕྱིར་རོ། །སྟོན་ཆ་དེ་རབ་ནས་སུ་ཟད་རྒྱ་མཚོ་སྒོ་མད་བཏུང་ཀྱང་
ད་ལྟ་ར་གྲགས་མེད་པ་དང་། སྟོང་གསུམ་གོས་སུ་གྱོན་ཡང་དགོས་མེད་པ་ནམས་ནི་སྣང་ཙམ་ཉེར་ལ་ནམ་སྐུ་བའི་བརྡར་ཤེས་པར་བྱའོ། །ལུས་སུ་སྣང་བ་འདི་སྟོང་པར་མ་ཤེས་ཤིང་དེ་ལ
བདེན་པར་ཞེན་པའི་སྒྲིབ་ཤིན་ཏུ་ཆེ་བ་ཡིན་ཏེ། ལུས་འདིའི་ཚེད་དུ་བབ་དང་སྟེ་ལ་སོགས་ཀྱིས་དང་ཀུན་གྱི་རྣམས་སྨིན་གྱི་ཉམས་ཐུག་ལ་ཟབ་མཐའ་ཟ་བྱེད་དང་། འཁོར་བ་ནས་འཁོར་བར་བརྒྱུད་དེ་སྐྱེ
འཆི་འི་སྣང་བ་སྟོན་པ་ཤིག་ཤེད། ལུས་ཀྱི་ཚེད་དུ་གསོས་སོགས་བདེ་བ་དོན་དུ་གཉེར་བཞིན་རེ་དོགས་ཉེར་ཕུན་ཚོགས་སྣང་གི་ཞེན་པས་འཆིང་སྟེ་ཐར་པའི་སྒྲོག་རྩ་གཅོད་པས་སྤྲོག་གཅོད། གཏན
དུ་བདེ་བའི་དབུགས་ལ་སྦྲེག་བཅས་དབུགས་ཕྱིན་ཀྱང་ཡིན། དེས་ན་ཚོགས་དྲུག་གི་ཡུལ་སྣང་ལ་ཞེན་པ་ཐམས་ཅད་རིམ་གྱིས་རིགས་པས་སྨིན། སྐྱུ་ཆུ་རྨི་ལམ་ཚོར་རྒྱུ་མ་རྗེ་བུ་ལས་སྐྱེ་པོ་རྟོལ

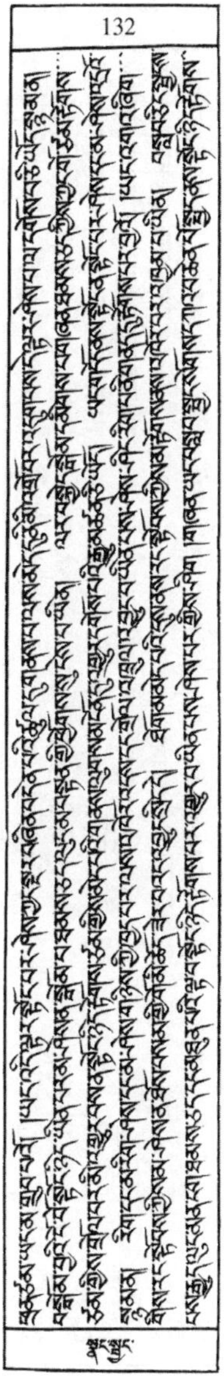

132

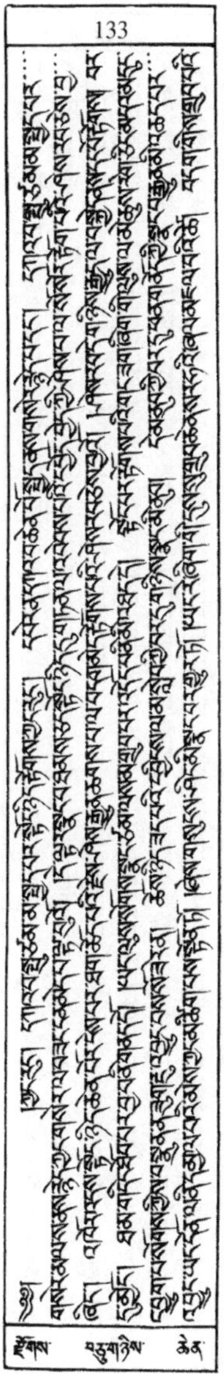

133

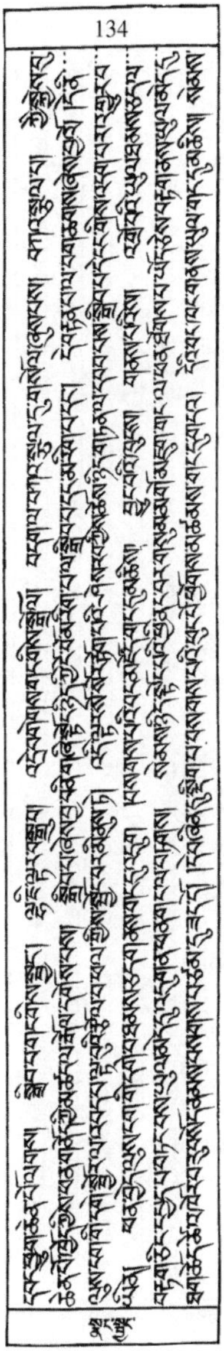

134

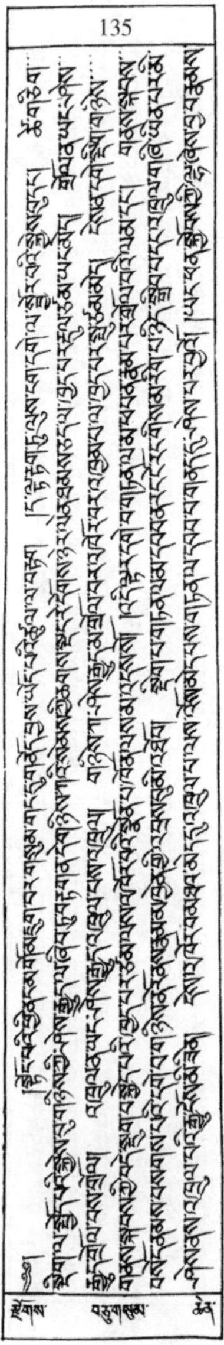
135

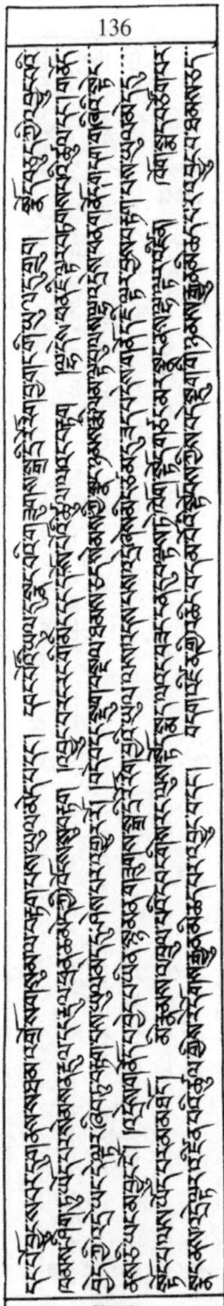
136

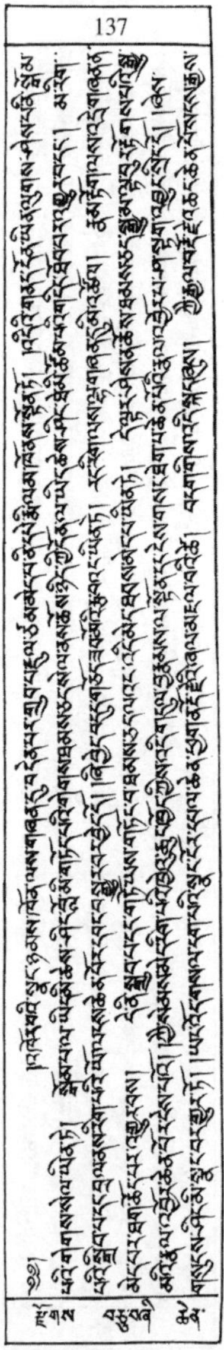
137

138

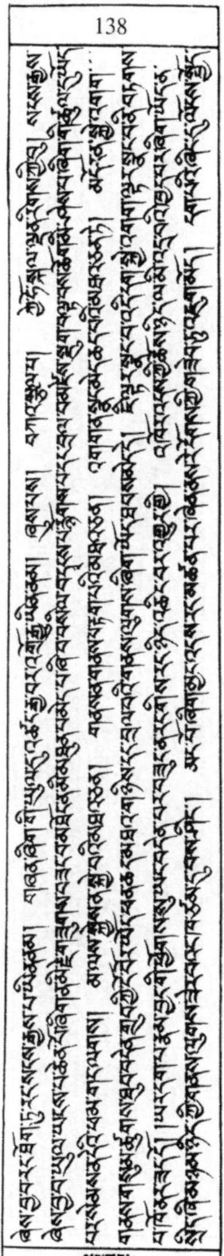

139

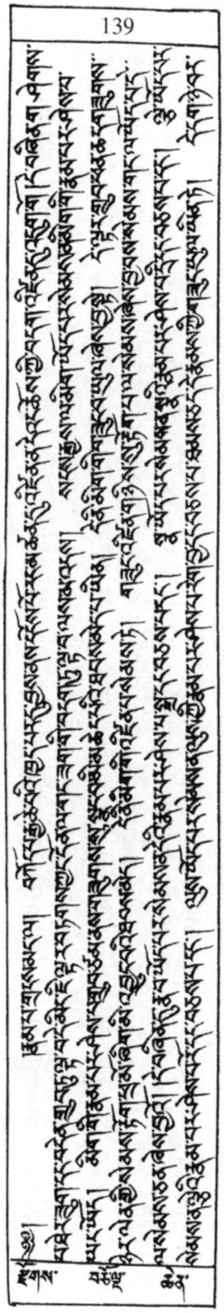

140

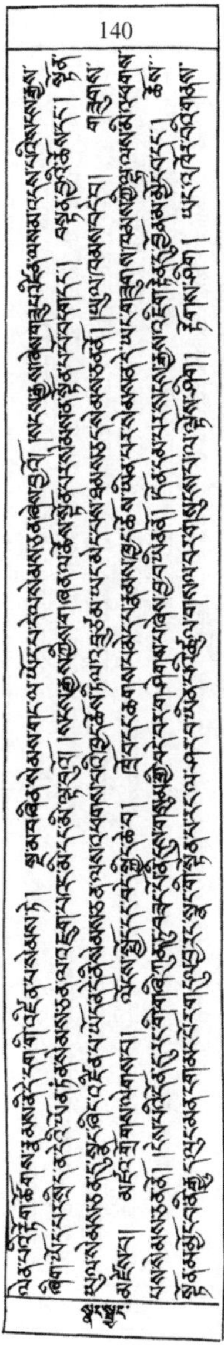

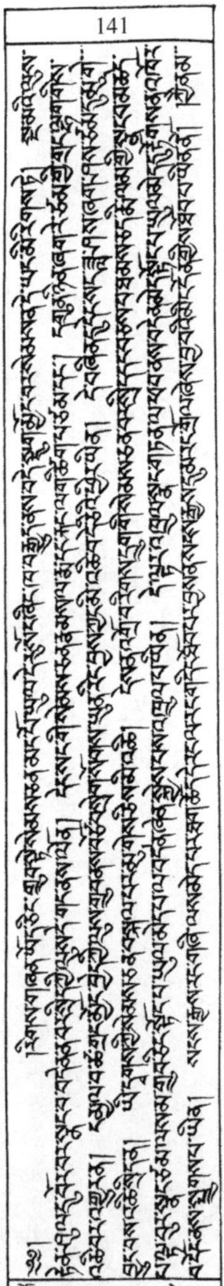
141

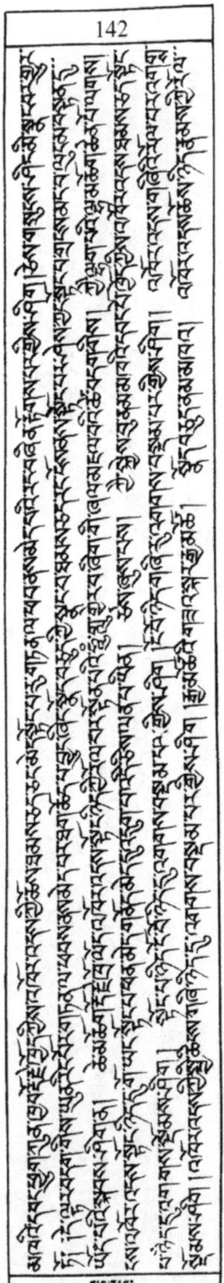
142

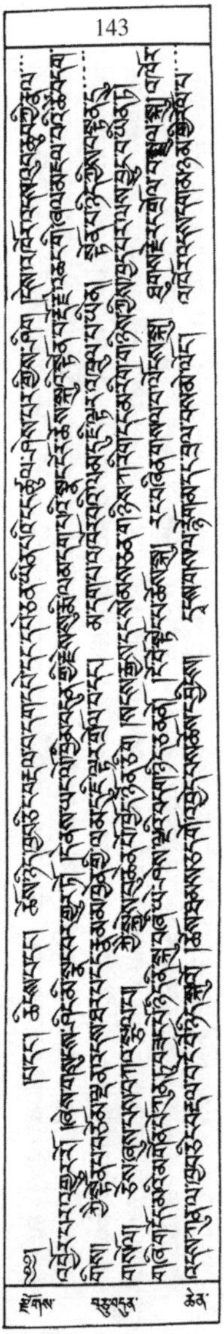
143

144

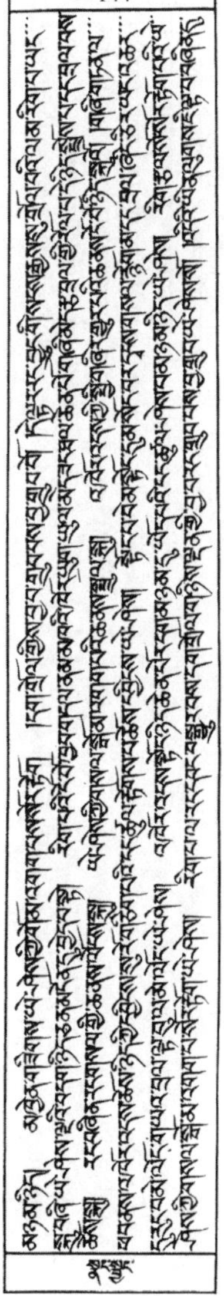

145

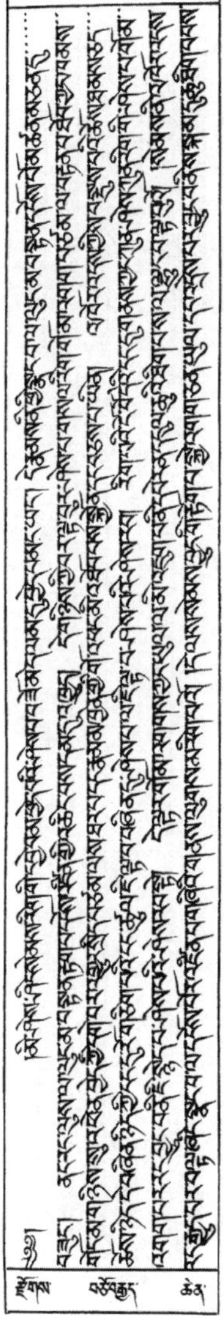

146

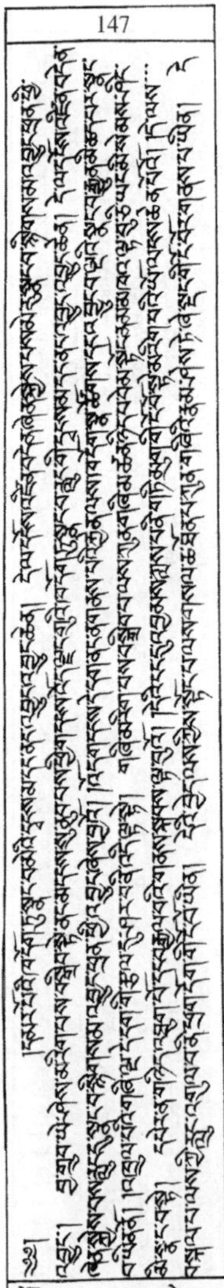
147

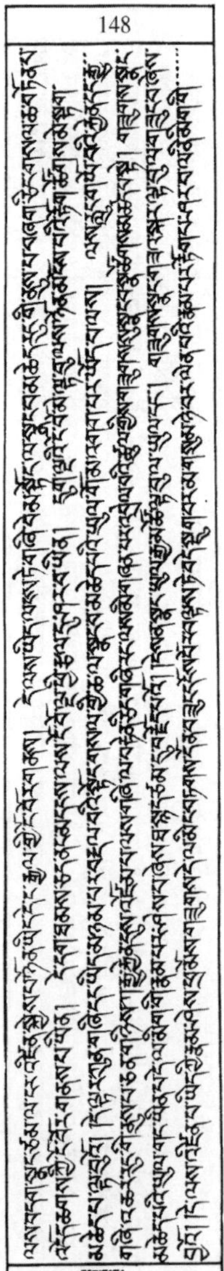
148

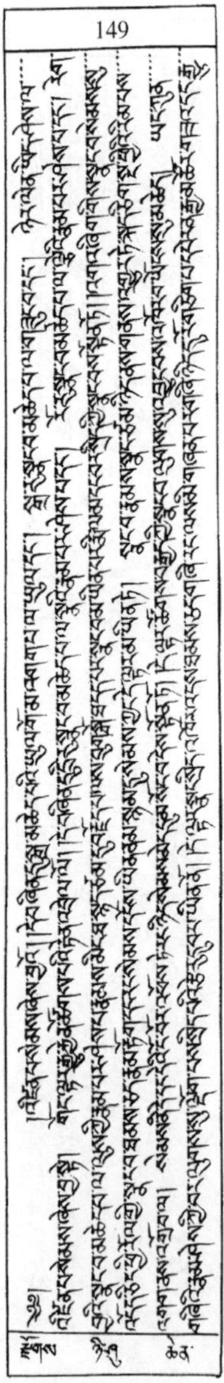
149

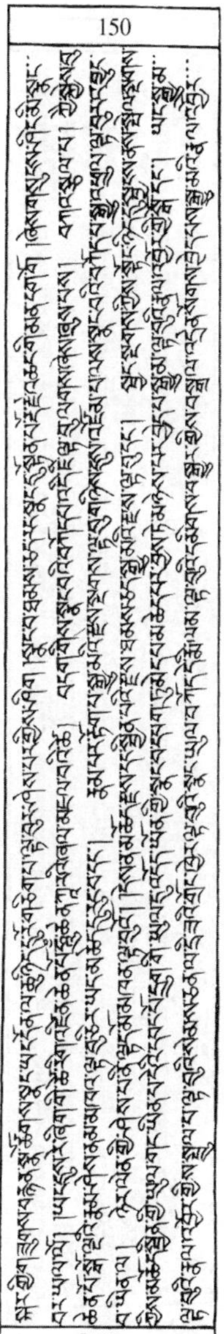

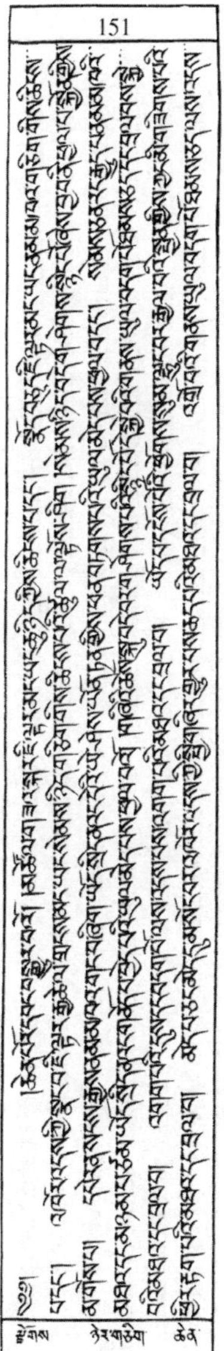

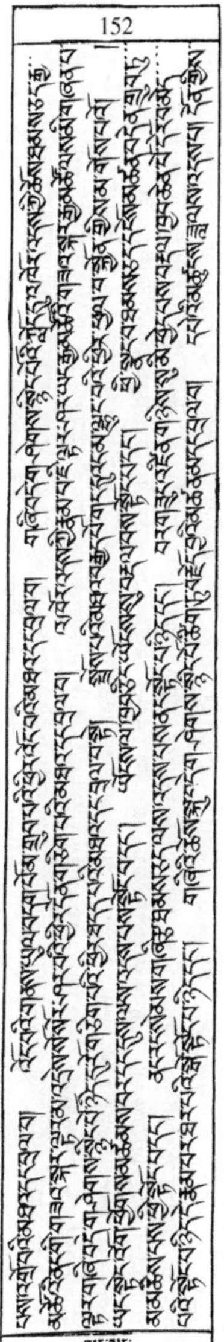

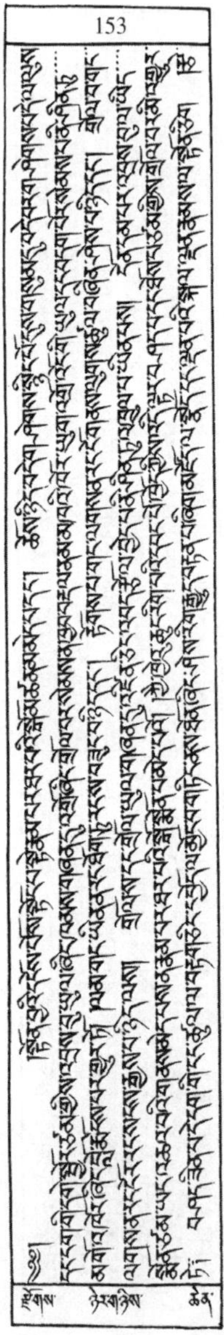
153

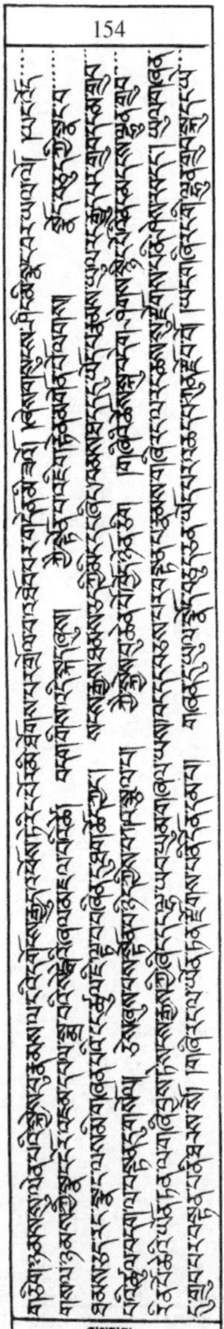
154

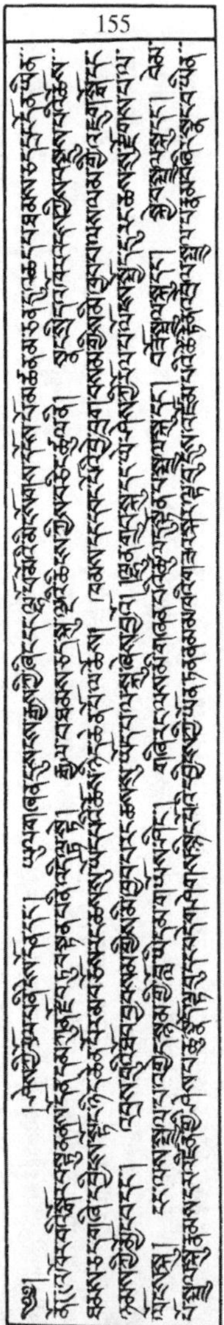
155

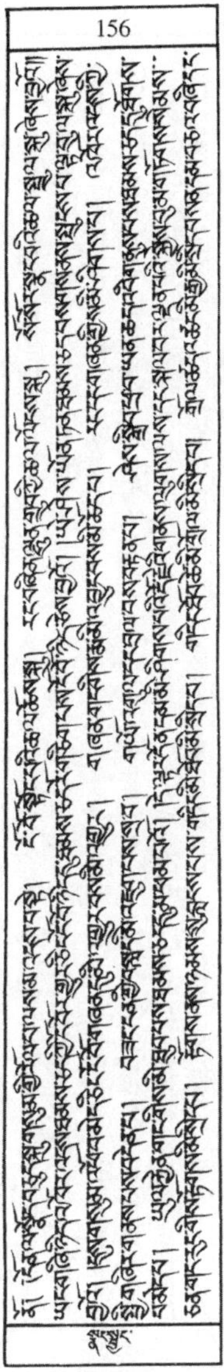
156

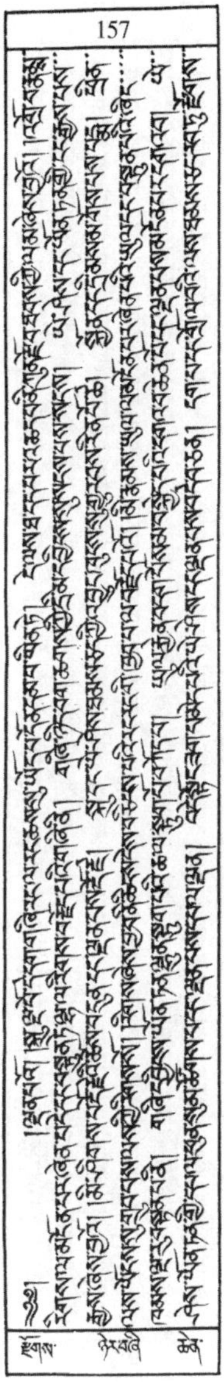
157

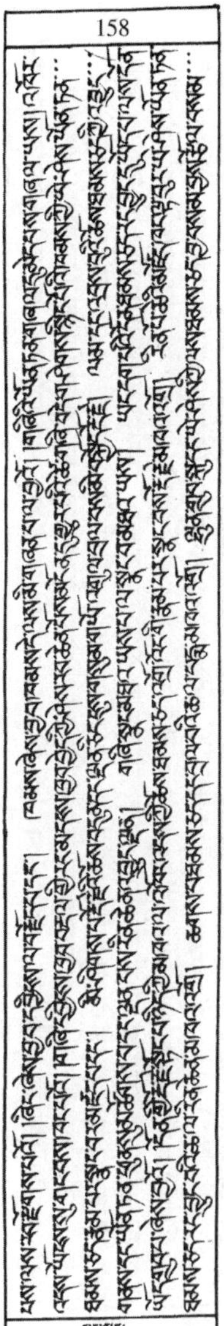
158

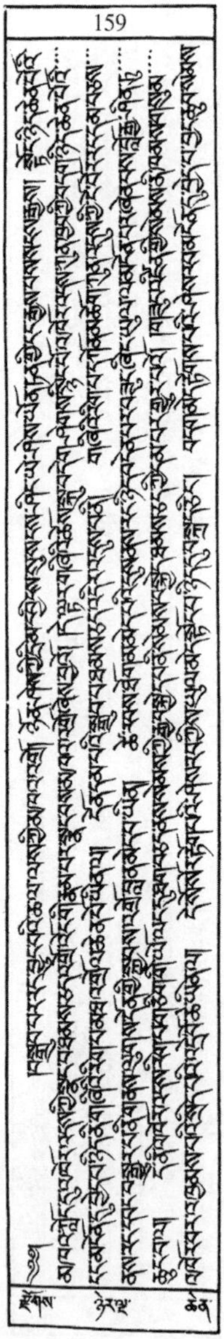
159

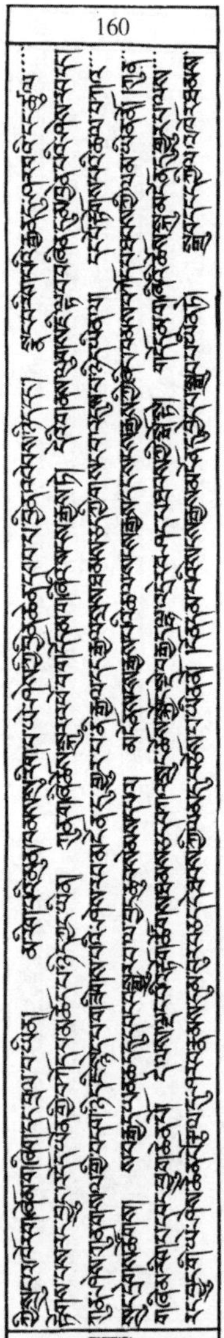
160

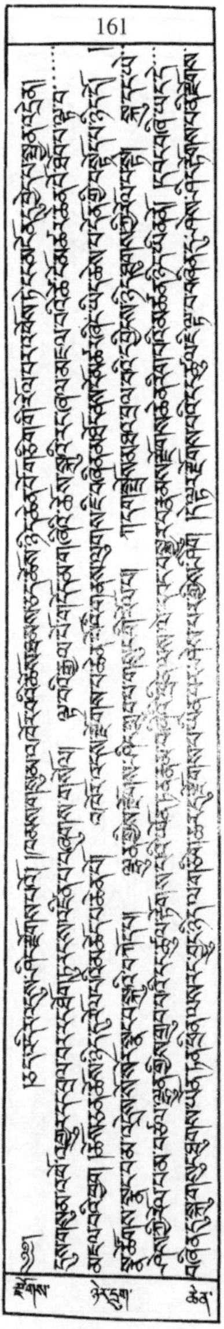
161

162

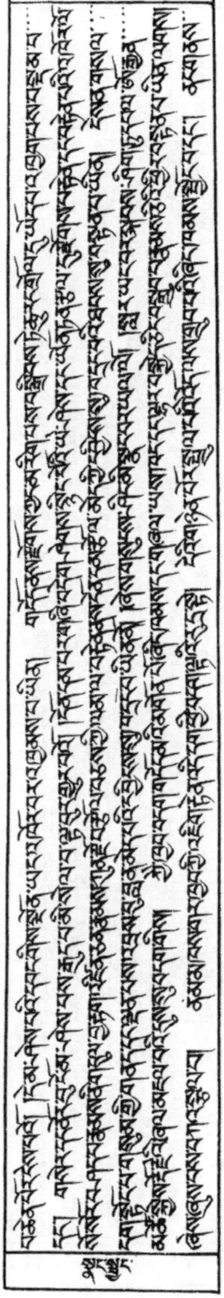

163

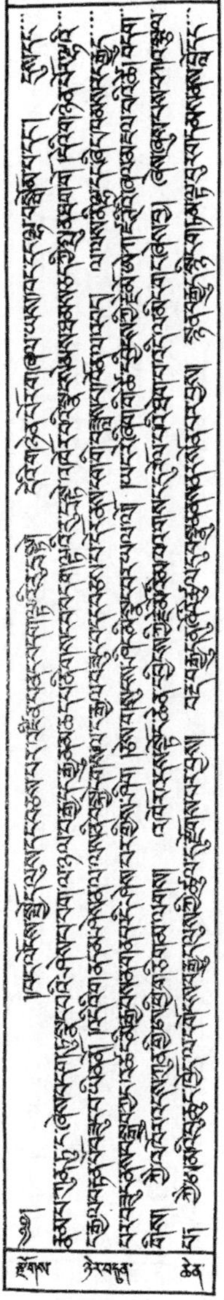

164

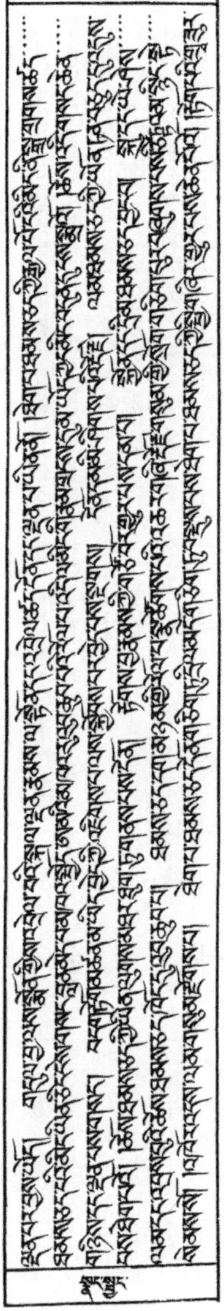

165

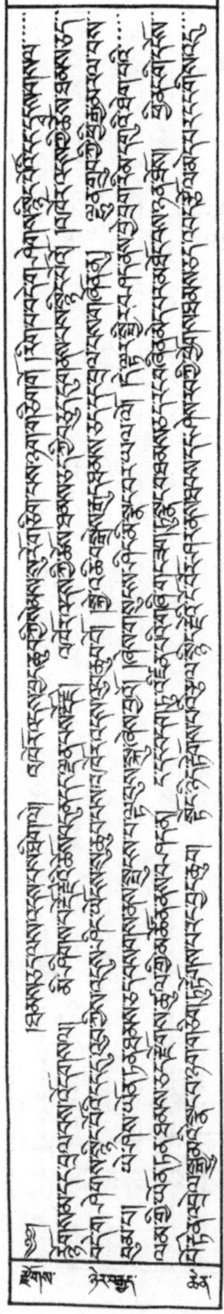

166

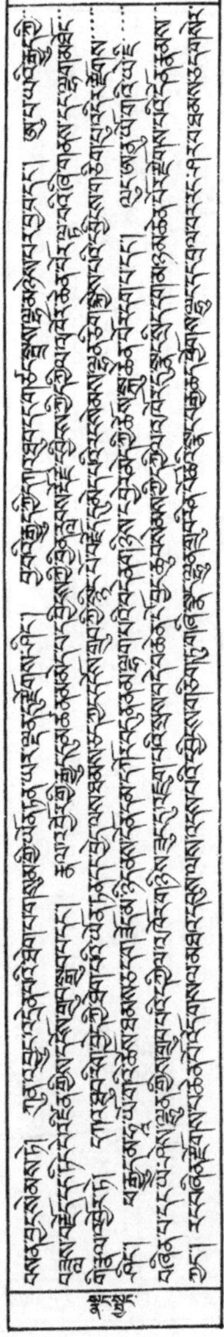

167

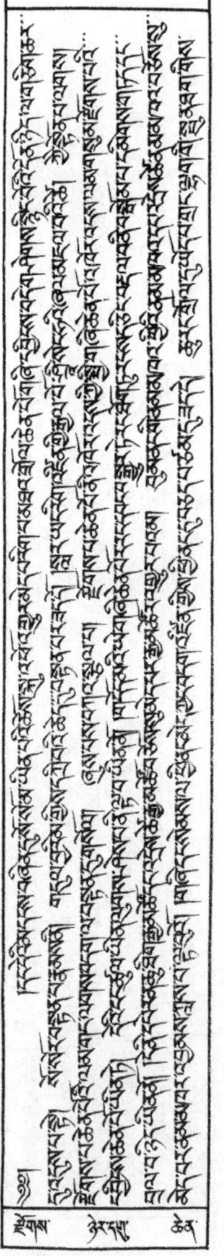

168

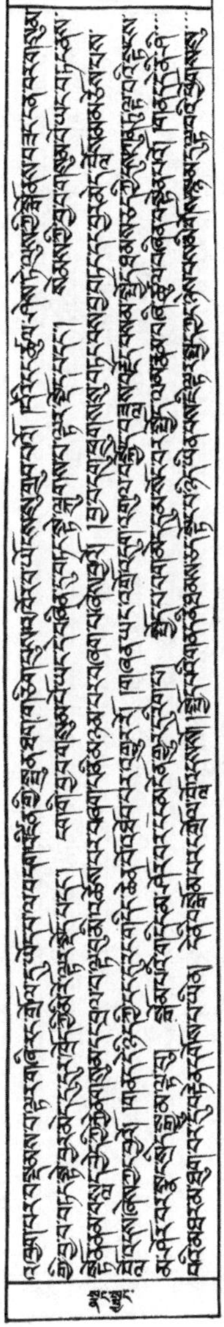

169

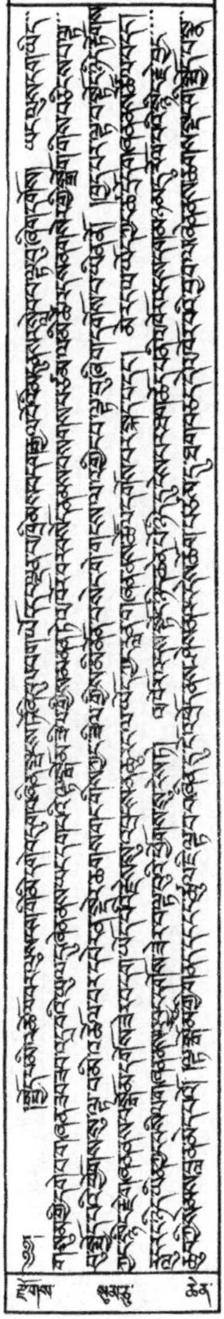

170

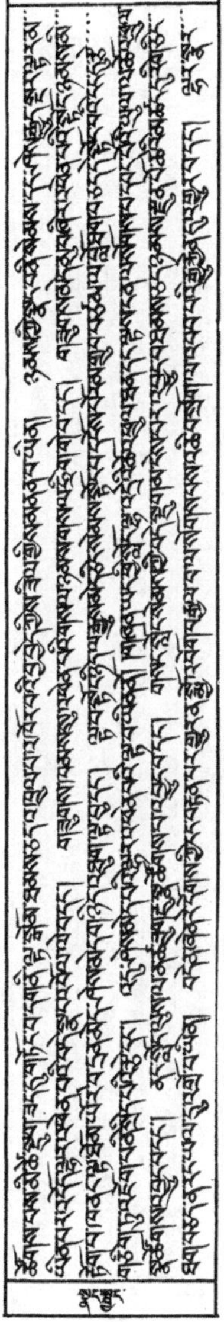

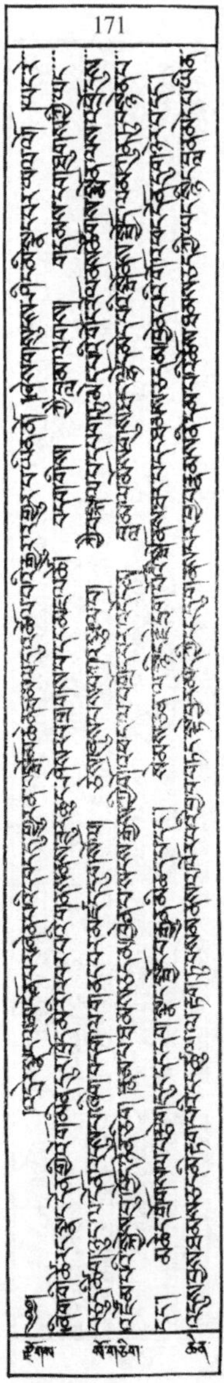
171

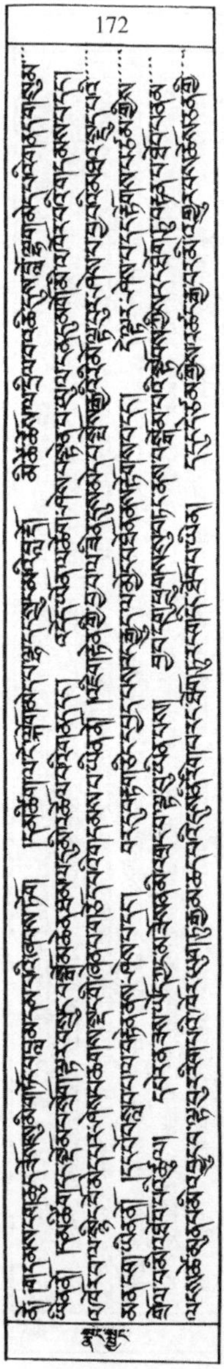
172

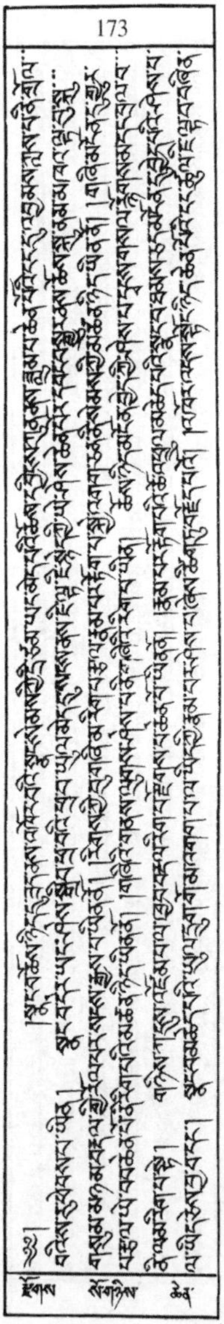
173

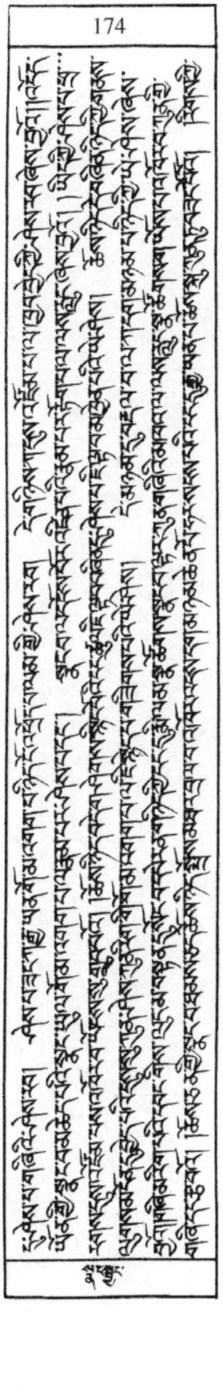

174

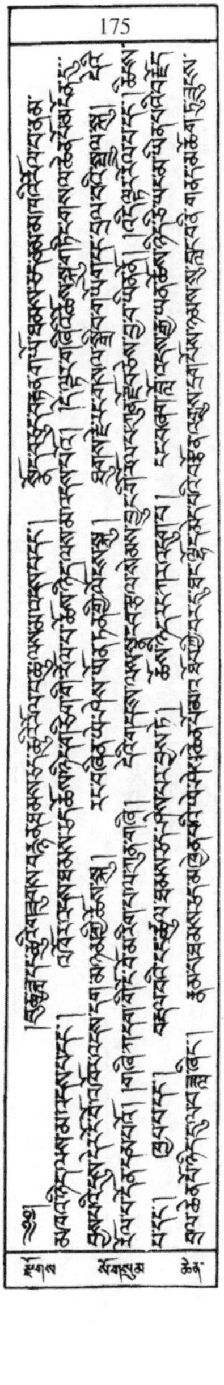

175

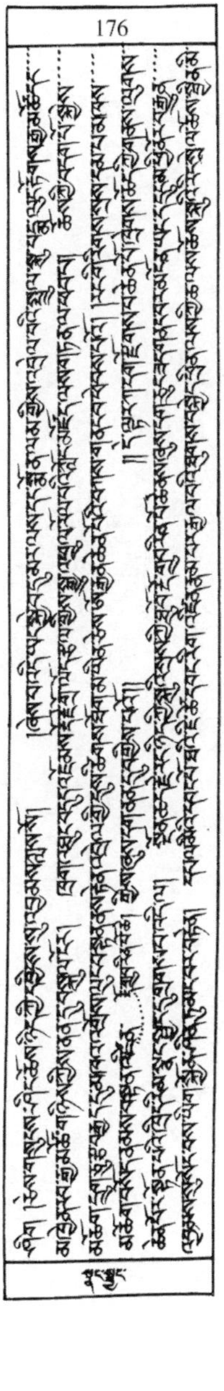

176

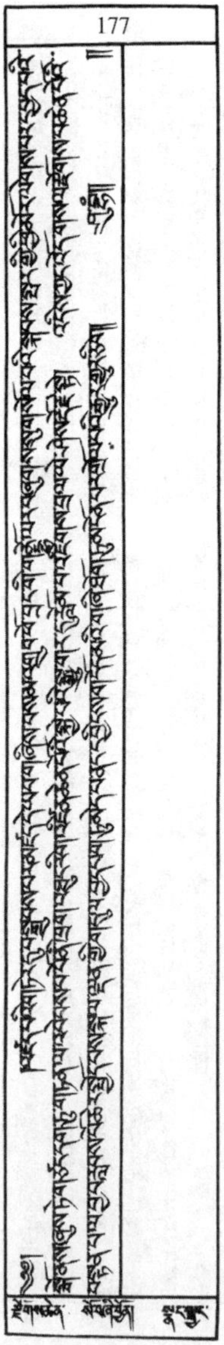

《大圓滿立斷淨治明相攝義科判》藏文本

579

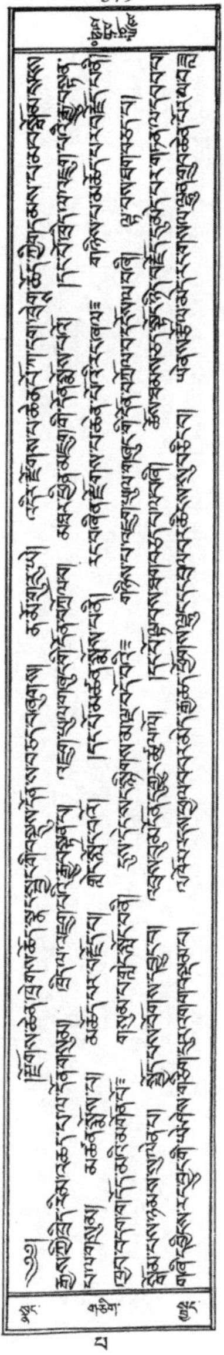

580

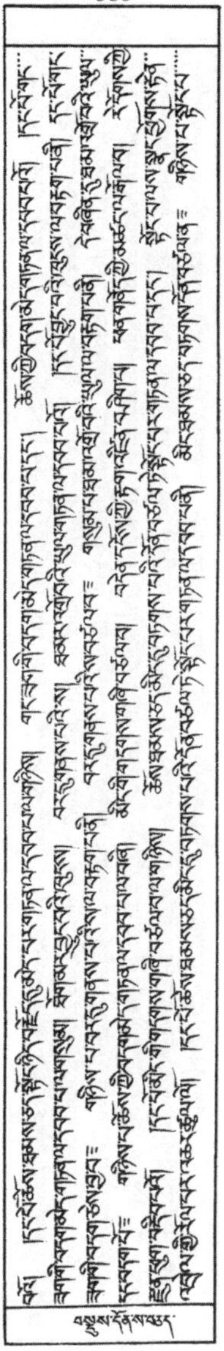

581

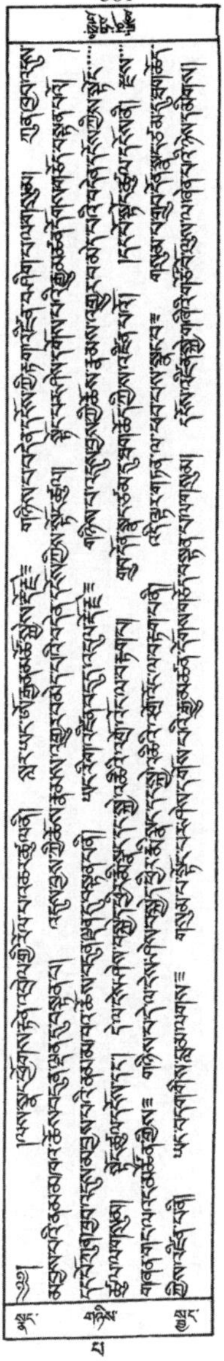

582

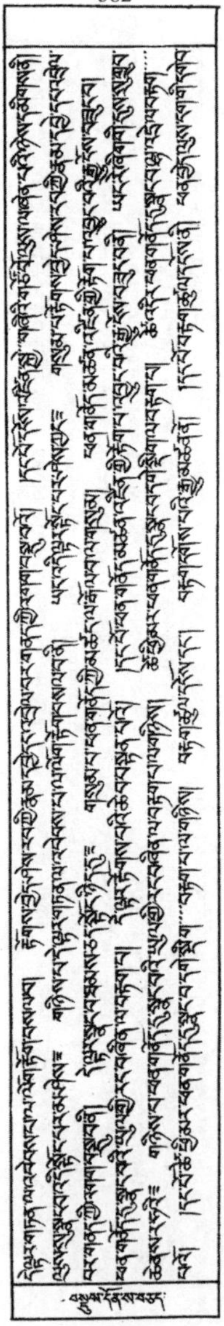

583

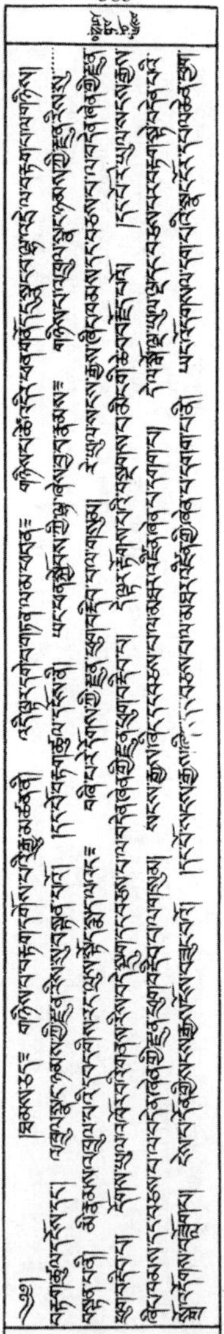

584

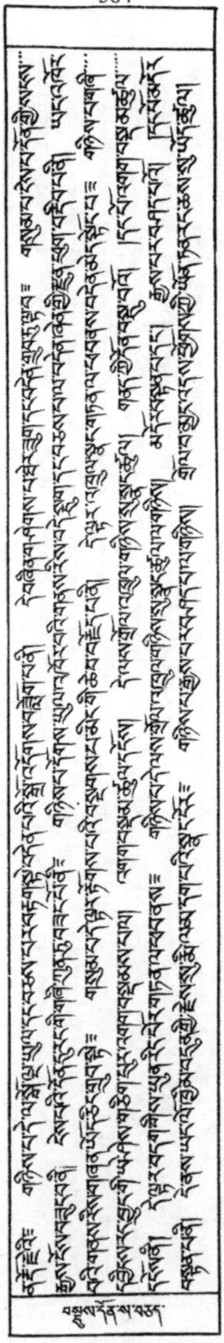

585

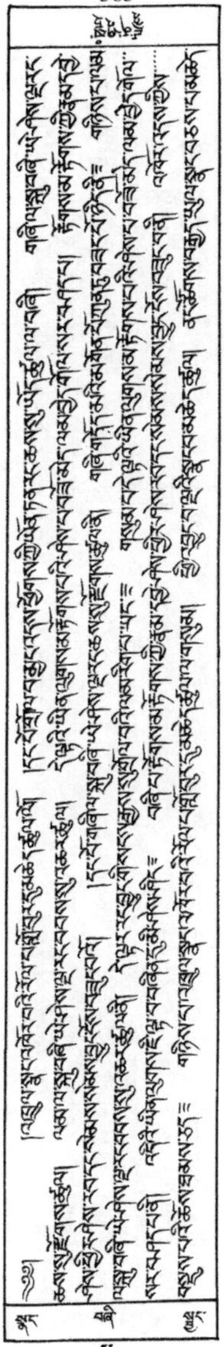

586

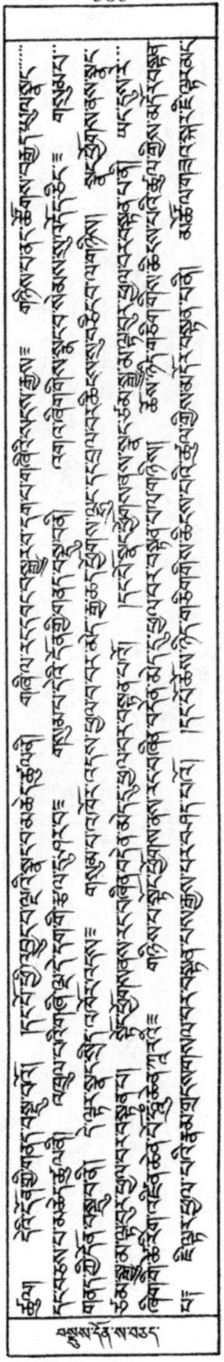

587

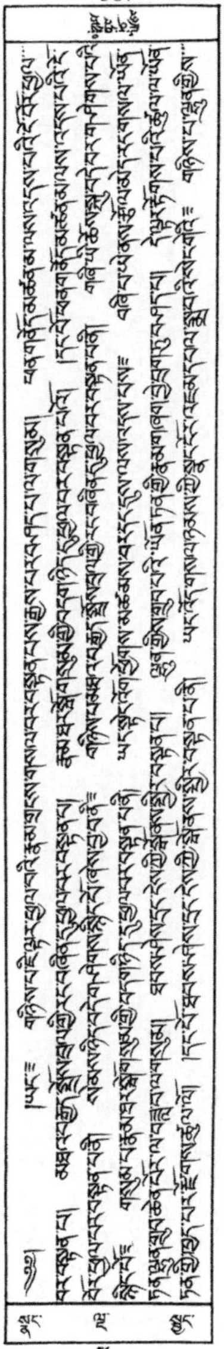

588

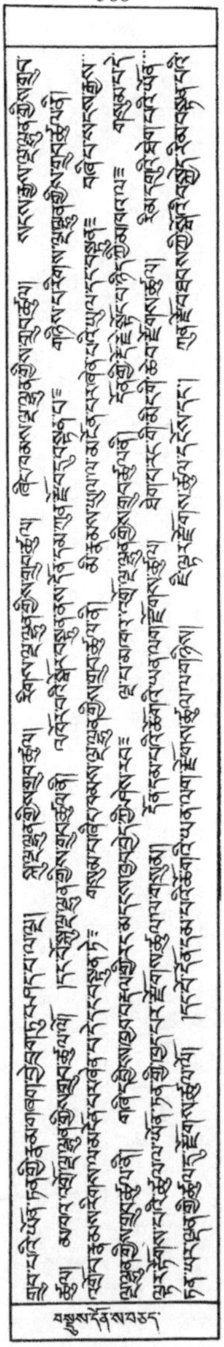

589

590

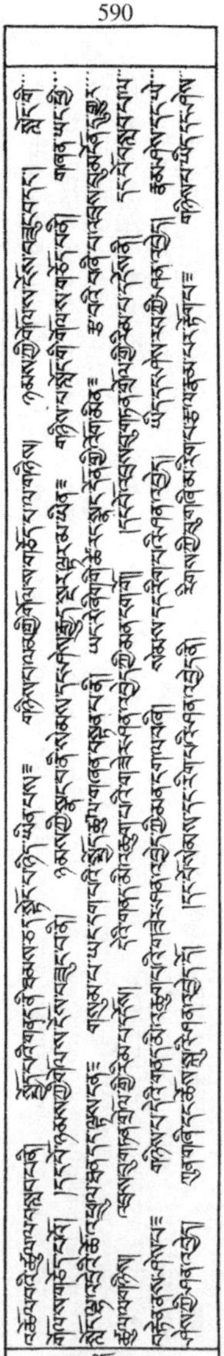

591

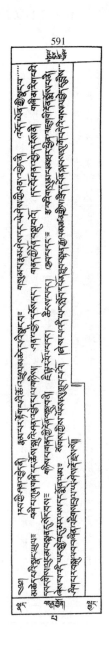

༄༅། །རབ་ཀྱི་ཤན་འབྱེད་ནི། རྣམ་པར་རྟོག་པའི་ཚོ་འཕྲུལ་མཆེད་པའི་སྣང་བ༔ གསུམ་པ་རྣམ་ཤེས་དང་ཡེ་ཤེས་ཀྱི་ཤན་འབྱེད་ནི། འདོད་ཡོན་གྱི་སྣང་བ……
མཆེད་པའི་སྣང་ཡུལ༔ བཞི་པ་ཀུན་གཞི་དང་ཆོས་སྐུའི་ཤན་འབྱེད་པ་ལ་གཉིས། ཤན་འབྱེད་དངོས་དང་། གནད་ཀྱི་དོན་བསྡུ་བའོ། །དང་པོ་ཤན་འབྱེད་དངོས་ནི། གཞི་མ་རིག་པའི
དབང་གིས་ཡུངས་མ་བསྟན་དུ་སོང་བས༔ གཉིས་པ་གནད་ཀྱི་དོན་བསྡུ་བ་ནི། ཇི་ལྟར་བཤད་པ་དང་། ཚིག་ལས་པ་དང་། ཁྱབ་པ་དང་༔ ཟ་བའི་གསུམ་པ་མཐར་ཕྱིན་འཇུག་གི་དོན་སྨོས་པ་ནི།
ཞེས་པ་འདི་ཡང་སྒྲེ་བ་དུ་མར་ལས་དང་སྨོན་ལམ༔ སོགས་ཀྱིས་ཡོངས་སུ་གྲུབ་པའོ། །ཞེས་པ་འདི་ཡང་སློབ་དཔོན་ཐུབ་བསྟན་རྒྱལ་མཚན་གྱིས་ཁྲིད་དཔོན་སྐལ་བཟང་གོ་བ་དེ་རིག་ས་ལ་འབྱེད་དུ་གྲིས……
ཤིག་པར་བསྐུལ་བ་བཞིན་འཇིགས་བྲལ་ཡེ་ཤེས་རྡོ་རྗེས་སོ།།

《現證自性大圓滿本來面目教授・甚深秘密藏》藏文本

593

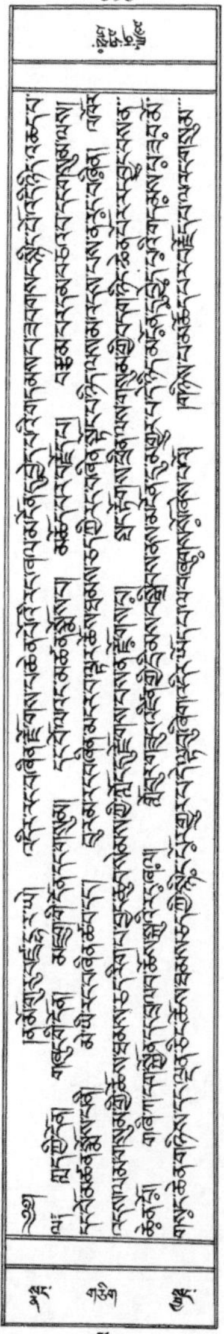

594

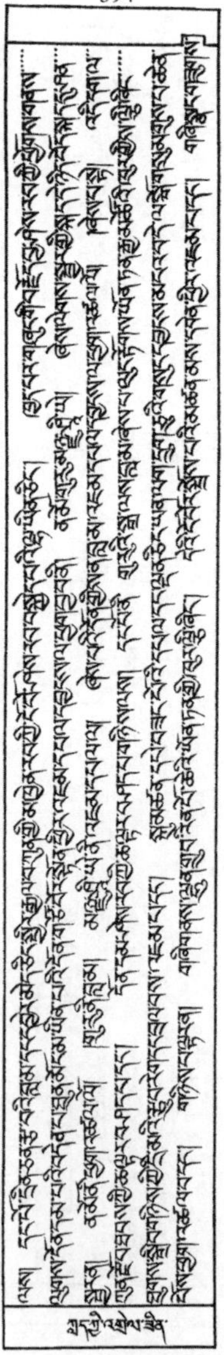

595

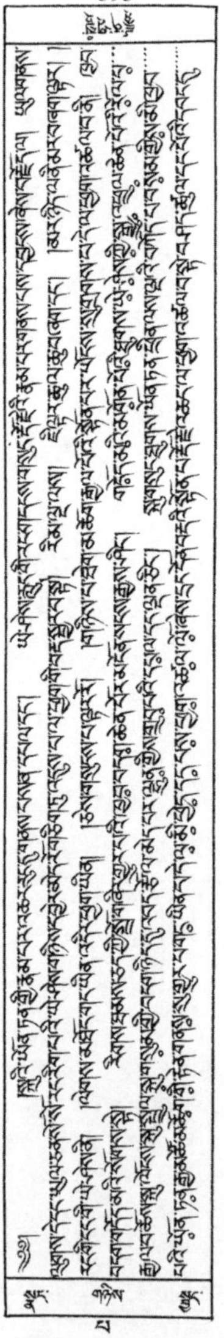

596

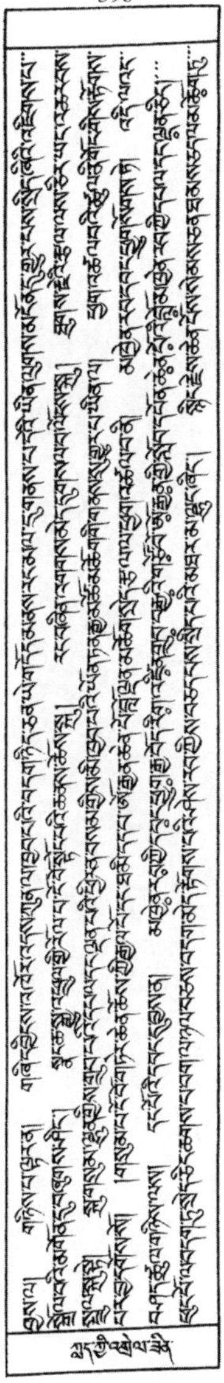

597

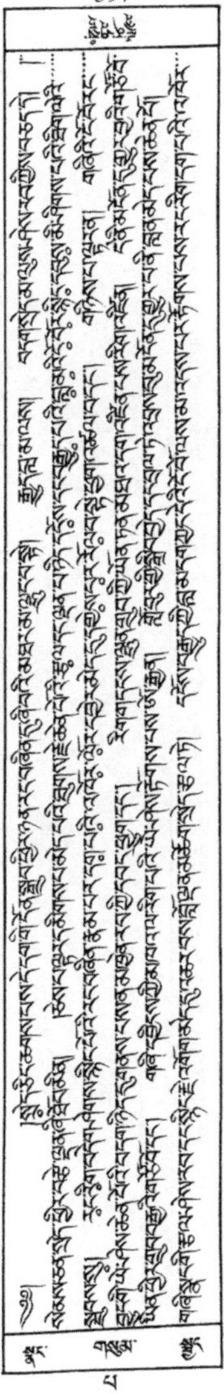

598

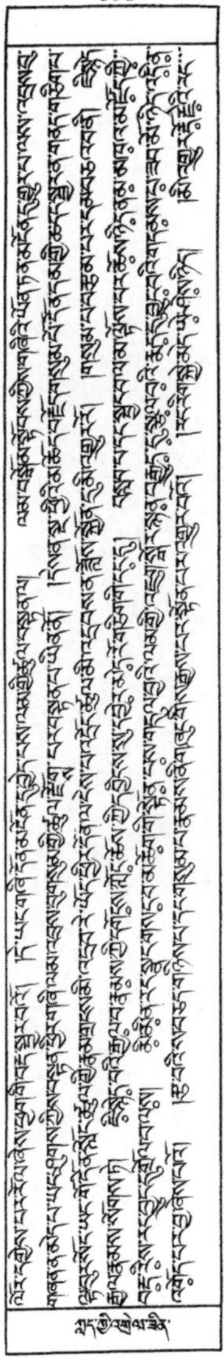

599

༄༅། །བཞིན་དུ། །སྔོན་མཛད་ཟབ་གསང་སྙིང་པོ་ཡི། །གདམས་པ་བཞི་བརྒྱུད་ལ་ལོངས་སྤྱོད་ཤོག །ཅེས་པ་འདང་འཇིགས་བྲལ་ཡེ་ཤེས་རྡོ་རྗེས་ཅུང་གསལ་ལ······

གོ་བདེར་སྤེལ་བ་དགེ།། ‖

སྣང་སྲུང་ བཞི་ཚོམ། ཀུན་གྱི་འཕེལ་ཚིན་

པ

主編者簡介

談錫永，廣東南海人，1935年生。童年隨長輩習東密，十二歲入道家西派之門，旋即對佛典產生濃厚興趣，至二十八歲時學習藏傳密宗，於三十八歲時，得甯瑪派金剛阿闍梨位。1986年由香港移居夏威夷，1993年移居加拿大。

早期佛學著述，收錄於張曼濤編《現代佛教學術叢刊》，通俗佛學著述結集為《談錫永作品集》。主編《佛家經論導讀叢書》並負責《金剛經》、《四法寶鬘》、《楞伽經》及《密續部總建立廣釋》之導讀。其後又主編《甯瑪派叢書》及《大中觀系列》。

所譯經論，有《入楞伽經》、《四法寶鬘》（龍青巴著）、《密續部總建立廣釋》（克主傑著）、《大圓滿心性休息》及《大圓滿心性休息三住三善導引菩提妙道》（龍青巴著）、《寶性論》（彌勒著，無著釋）、《辨法法性論》（彌勒造、世親釋）、《六中有自解脫導引》（事業洲巖傳）、《決定寶燈》（不敗尊者造）、《吉祥金剛薩埵意成就》（伏藏主洲巖傳）等，且據敦珠法王傳授註疏《大圓滿禪定休息》。著作等身，其所說之如來藏思想，為前人所未明說，故受國際學者重視。

近年發起組織「北美漢藏佛學研究協會」，得二十餘位國際知名佛學家加入。2007年與「中國人民大學國學院」及「中國藏學研究中心」合辦「漢藏佛學研究中心」主講佛學課程，並應浙江大學，中山大學之請，講如來藏思想。

譯者簡介

沈衞榮，江蘇無錫人。南京大學歷史學學士、碩士，德國波恩大學（University of Bonn）中亞語言文化學博士。歷任尼泊爾蘭比尼國際佛教研究所（Lumbini International Research Institute）、美國哈佛大學（Harvard University）、Macalester 學院、德國洪堡大學（Humboldt University）、日本京都大學及日本綜合地球環境學研究所研究員、訪問學者、客席教授等職，現任中國人民大學國學院西域歷史語言研究所所長、教授，中國藏學研究中心學術委員。主要學術興趣涉及西藏宗教、歷史、漢藏佛教研究、中亞研究、中西文化交流史等領域。

許錫恩，香港出生，原籍福建安海。畢業於香港大學法律系，現職法律界。隨無畏金剛談錫永阿闍梨修習密法，遵師囑致力於甯瑪派經論之繙譯，曾有譯作發表於《內明》月刊。

甯瑪派叢書系列-見部5

《無修佛道－現證自性大圓滿本來面目教授》

著　　者 摧魔洲尊者 造論
譯　　者 許錫恩
導　　論 談錫永
主　　編 談錫永
美術編輯 李　琨
封面設計 張士勇工作室
出　　版 全佛文化事業有限公司
永久信箱：台北郵政26-341號信箱
訂購專線：02-2913-2199
傳真專線：02-2913-3693
發行專線：02-2219-0898
匯款帳號：3199717004240 合作金庫銀行大坪林分行
戶　　名：全佛文化事業有限公司
E-mail：buddhall@ms7.hinet.net
http://www.buddhall.com
門　　市 新北市新店區民權路95號4樓之1（江陵金融大樓）
門市專線：02-2219-8189
行銷代理 紅螞蟻圖書有限公司
台北市內湖區舊宗路二段121巷19號（紅螞蟻資訊大樓）
電話：02-2795-3656　傳真：02-2795-4100

初　　版 2009年09月
初版二刷 2015年01月
精裝定價 新台幣360元
I S B N 978-986-6936-41-8（精裝）

國家圖書館出版品預行編目資料

無修佛道：現證自性大圓滿本來面目教授/
摧魔洲尊者造論；許錫恩譯. -- 初版. --
新北市：全佛文化, 2009.09
面；　公分. －(甯瑪派叢書系列.見部；5)
ISBN 978-986-6936-41-8 (精裝)

1.藏傳佛教 2.佛教修持
226.96615　　98013181

Buddhall

Published by BuddhAll Cultural Enterprise Co.,Ltd.